Dekoratives für's Haus

© 1981 by Ceres-Verlag
Rudolf-August Oetker KG, Bielefeld
und
Verlag Olde Hansen GmbH & Co., Hamburg
Übersetzung, Redaktion und Layout:
M. Hansen, K. Schöpke
Gesamtherstellung:
Druckerei Ernst Uhl, Radolfzell

Inhalt

Gobelin-Stickerei auf Stramin	6
Material und Zubehör	7
Grundtechnik	8
12 kleine Bilder	12
Sitzkissen	12
Freundschaftsbild im Setzkastenstil	13
Lederarbeiten	15
Material und Zubehör	16
Grundtechnik	16
Geldbörse	18
Geflochtener Ledergürtel	20
Gürteltasche	21
Patchwork-Steppen	23
Material und Zubehör	23
Grundtechnik	25
Ahornblattmuster und Arbeitsanleitung für Wandbehang	27
Streifentechnik und Arbeitsanleitung für ein Kissen	30
Windmühlenmuster und Arbeitsanleitung für eine Decke	32
Geflochtene Deckenkante	34
Gesteppte Umrandung für eine Decke	35
Kleidungsstücke aus selbstgemachtem Filz	37
Material und Zubehör	37
Grundtechnik	39
Überziehweste	42
Mollige Hausschuhe	42
Handtasche	43
Applikationen	45
Material und Zubehör	45
Grundtechnik	46
Bettwäsche mit Applikationen	51
Kaminrock	52
Topfhandschuhe	53
Zählbild für Kinder	55
Holzeinlegearbeiten (Intarsien)	59
Material und Zubehör	59
Grundtechnik	60
Landschaftsbild	65
Schachbrett	66
Werkzeugkasten	67
Miniaturbild mit Vogelmotiv	69
Perlenarbeiten	**72**
Material und Zubehör	72
Grundtechnik	73
Perlenbrosche	76
Schal mit aufgenähten Perlenfransen	76
Australischer Kreuzstich	**81**
Material und Zubehör	81
Grundtechnik	81
Tischdecke mit passenden Servietten	84
Duftkissen	86
Sommertasche	87
Schürze	87
Metallfaden-Stickerei	**90**
Material und Zubehör	90
Grundtechnik	93
Unterarmtasche	95
Nadelkissen	98
Halsband	99
Fotorahmen	100
Stoffdruck im Siebdruckverfahren	**102**
Material und Zubehör	103
Grundtechnik	105
Gepolsterter Kleiderbügel	110
Kaftan	111
Kopfkissenbezug	112
Bettbezug	114
Weben	**115**
Material und Zubehör	117
Grundtechnik	117
Schultertasche	121
Wandbehang	125
Platzdeckchen	128
Das Vergrößern einer Bildvorlage	**131**
Das Rahmen eines Bildes	**132**
Register	**140**

Vorwort

Legen Sie mit Ihrer Familie doch mal wieder einen Bastel- oder Handarbeitsnachmittag ein! Sie glauben gar nicht, wieviel Spaß es macht, in geselliger Runde Dekoratives fürs Haus zu werkeln. Dieses Buch enthält eine Fülle von Anregungen und detaillierten Arbeitsanleitungen für Bastel- und Handarbeiten, die das Heim verschönern. Auch hübsche Dinge für den persönlichen Gebrauch, die zudem noch einen praktischen Wert haben, sind in Wort und Bild vorgestellt.
Sie werden sehen, daß alle Arbeiten gründlich erklärt sind, und Sie brauchen nicht viel Mut, um anzufangen. Mit ein bißchen Energie und Ausdauer werden Sie bald das eine oder andere Stück fertiggestellt haben, und Freunde und Bekannte werden Sie darum beneiden.
Die verschiedenen Bastel- und Handarbeitsstücke sind aus verschiedenen Materialien hergestellt. Die meisten Arbeiten sind einfach genug, um auch von Anfängern gefertigt zu werden und sind von der Idee so attraktiv, daß auch „alte Hasen" unter den Selbermachern kaum widerstehen können. Zu jeder Arbeit gibt es noch einen genauen Grundkurs über die verschiedenen Techniken, so daß man nach der Lektüre einiges mehr als nur das „Wie" erfahren hat. Bleibt eigentlich nur noch zu wünschen: Viel Spaß bei der Arbeit!

Gobelin-Stickerei auf Stramin

Die große Zeit der Gobelin-Stickerei begann in Europa im frühen 16. Jahrhundert, wo riesige Wandbilder für Kirchen und herrschaftliche Häuser gefertigt wurden. Im 18. Jahrhundert geriet diese Stickart etwas in Vergessenheit und erst seit kurzem gewinnt sie wieder an Aktualität.
Bei dieser Stickart werden verschiedene Motive, Bilder oder Ornamente auf einen Untergrund, den Stramin, gestickt. Der am häufigsten verwendete Stickstich dafür ist der halbe Kreuzstich, der bei den hier beschriebenen Arbeiten ausschließlich verwendet wird. Dieser Stich ist so einfach und schlicht, daß er jede Freiheit hinsichtlich der Muster- und Farbauswahl läßt.
Die Modelle, die in diesem Kapitel vorgestellt werden, sind fast alle aus kleineren Stickbildern zusammengesetzt. Das erleichtert das Hantieren mit der Arbeit. Große Arbeitsstücke sind unhandlich und werden rasch beiseite gelegt. Gerade der Anfänger auf diesem Gebiet läßt sich von dem sichtbaren Erfolg, den eine kleine Arbeit bietet, anspornen, weiterzumachen. Eine größere Arbeit sollte man daher erst in Angriff nehmen, wenn man genug technisches Wissen und Vertrauen in das eigene Können gewonnen hat.

Was man für die Gobelin-Stickerei braucht

Das Material auf dem gestickt wird, ist **Stramin.** Es gibt ihn in verschiedenen Stärken. Grundsätzlich unterscheidet man einfädigen und zweifädigen Stramin. Er muß von guter Qualität sein, obwohl er nach Beendigung der Stickerei nicht durchscheinen darf. Alle Beispiele in diesem Abschnitt wurden auf zweifädigem Stramin gestickt, der entweder 10 oder 5 Gewebelöcher auf 2,5 cm aufweist.

Bei den **Stickgarnen** gibt es eine große Auswahl. Die traditionellen Stickgarne für die Gobelinstickerei sind Seide, Wolle und Leinen. Heutzutage gibt es auch hervorragende synthetische Garne, die in einer großen Farbauswahl angeboten werden. Für welche Garne man sich auch entscheidet, wichtig ist, daß sie auf keinen Fall feiner sind, als die Straminfäden, damit später auch das ganze Bild gleichmäßig bedeckt ist. Sie sollten farbecht (die gestickte Arbeit kann man dann auch mühelos waschen) und mottenfest sein.

Die **Sticknadeln** gibt es in verschiedenen Längen, mit unterschiedlicher Nadelöhrbreite. Wichtig ist, daß sie eine stumpfe Spitze haben, damit man beim Sticken nicht versehentlich durch den Faden sticht, der sich dann leicht verknotet. Die Größe der Nadel richtet sich nach der Stärke des Stickgarns und des Stramins. Die Nadel muß in jedem Fall locker durch die Straminlöcher „durchfallen" können.

Einen **Stickrahmen** braucht man für kleine Arbeiten nicht, sie lassen sich gut in der Hand herstellen. Bei großen

Arbeiten ist er jedoch unumgänglich. Er verhindert, daß sich der Stramin durch das einseitige Sticken zu stark verzieht. Bei kleinen Arbeiten schadet das nichts. Sie lassen sich nach dem Sticken leicht wieder in Form bügeln.
Auf **weißem Papier** werden die Motive mit Filzstift in Originalgröße vorgezeichnet.
Mit **Wäschestift** und **Schneiderkreide** werden die Umrisse des Motivs auf den Stramin vorgezeichnet.
Mit **Nähgarn** kann man die Umrisse des Motivs nachnähen und so stärker hervorheben. Später benötigt man es, um die fertige Arbeit über das Holz zu spannen, bevor es gerahmt wird.
Hat man kein **Bügelbrett** zur Verfügung, kann man sich mit einem Holzbrett aushelfen, das etwas größer als das Stickbild ist.
Um die Arbeit beim Bügeln zu schonen, werden zwei **helle Tücher** unter und auf die Stickerei gelegt. **Stecknadeln** oder **Heftzwecken** braucht man um den Stramin auf Holz zu spannen, wenn man ihn in Form bügelt.
Zum späteren Rahmen eignen sich **Bilderrahmen** besonders gut. Mit ihren strengen, geraden Kanten bilden sie einen Kontrast zur verspielten Stickerei.
Mit **Klebstoff** kann man den Stramin auf dem Holz beim Spannen fixieren.
Ferner benötigt man eine scharfe, spitze Schere, Maßband und ein Lineal.

Grundtechnik

Fadenanfang und Fadenende werden nicht verknotet, sondern durch die bereits vorhandenen Stiche auf der Rückseite gezogen. Sind noch keine Stiche vorhanden, läßt man den Faden auf der Rückseite ein Stück überstehen und vernäht ihn später. Es wird grundsätzlich von rechts nach links gearbeitet. Alle Flächen, die in einer neuen Farbe gearbeitet werden, beginnt man in der rechten obersten Ecke.

Der halbe Kreuzstich

Man sticht die Nadel durch eins der Löcher im Stramin in der oberen rechten Ecke und führt den Faden durch ein Loch weiter links, eine Reihe tiefer. Die Nadel wird durch das genau darüberliegende Loch wieder herausgestochen. So entstehen schräge Stiche, die die Straminfäden überdecken. In der zweiten Reihe arbeitet man in entgegengesetzter Richtung zurück. Dabei ist die Lochreihe, die vorher die untere Reihe bildete, jetzt die obere. Das bedeutet, daß bis auf die Randstiche, in jedes Loch zweimal eingestochen wird (Abb. 1).

Petit-Point-Stich

Ausgeführt wird dieser Stich wie der halbe Kreuzstich. Nur sticht man hier in jedes Loch ein, sowohl in die größeren, als auch die kleineren Löcher, die sich durch die Zweifadenführung im Stramin ergeben. Der Stich ist sehr klein und dicht. Damit lassen sich Umrisse besonders gut hervorheben. Man führt wie zuvor die Nadel durch ein großes Loch nach oben und sticht nun eine Reihe tiefer, in ein kleines Loch weiter links, das sich durch den horizontalen und vertikalen doppelten Fadenverlauf ergibt. Herausgeführt wird die Nadel wieder aus dem kleinen Loch, das in der oberen Reihe durch die zwei vertikalen und horizontalen Straminfäden gebildet wird und das in der gleichen Reihe wie das große Loch liegt (Abb. 2). Jetzt wird der Faden nach links geführt und in den kleinen Zwischenraum gestochen, den zwei senkrechte Straminfäden gebildet haben. Herausgeführt wird der Faden durch das genau darüberliegende größere Loch. Nach diesem Schema wird die Reihe beendet und die Arbeit gewendet. Auf der Rückreihe sind die unteren Einstichlöcher der Vorreihe jetzt die oberen Einstichlöcher.

Der Schrägstich

Will man einen Kissenbezug sticken, muß auch die Rückseite des Stramins verstärkt werden. Das erreicht man mit dem Schrägstich. Man sticht dazu mit der Nadel von unten in das zweite große Loch in der zweiten Reihe und zwar in der oberen rechten Ecke des Straminabschnittes, der bestickt werden soll. Der Faden wird nun schräg nach oben geführt und in das erste Loch in der darüberliegenden Reihe gestochen. Auf der Rückseite wird der Faden diagonal zurückgeführt und wieder aus der zweiten Reihe, diesmal jedoch ein Loch links neben dem ersten Stich herausgeführt (Abb. 3). Dadurch ergeben sich auf der Vorder- und Rückseite gleiche schräge Stiche.

Der halbe Kreuzstich und der Petit-Point-Stich zusammengestickt

Normalerweise werden alle Flächen mit dem halben Kreuzstich ausgeführt. Mit diesem Stich ist bei kleineren Arbeiten jedoch kein genaues Konturen-Nachsticken möglich. Deshalb benutzt man in engen Kurven oder Bögen den Petit-Point-Stich, der die Umrisse sauber hervorhebt. Außerdem entsteht beim Mischen beider Stiche nicht so schnell der Eindruck einer gleichmäßigen Stepparbeit. Vom halben Kreuzstich geht man dabei in den Petit-Point-Stich über, indem man nicht in das untere große Loch, sondern gleich in das kleine Loch, wie für den Petit-Point-Stich beschrieben, einsticht. Die folgende Reihe, die in einer neuen Farbe beginnt, wird ebenfalls im Petit-Point gestickt, und erst in der dritten Reihe wird mit dem halben Kreuzstich weitergearbeitet (Abb. 4).

So stickt man auf Stramin

Entweder hält man den Stramin in der Hand, oder man spannt ihn in einen Rahmen. Für größere Arbeiten ist ein Stickrahmen oder Webrahmen unerläßlich, für kleinere Arbeiten jedoch ist er nicht nötig. Da die Rahmen, verglichen mit dem kleinen Abschnitt, der ausgestickt wird, verhältnismäßig groß sind, ist man mit der Stickarbeit nicht mehr so beweglich und kann sie auch nicht überall mit hinnehmen. Arbeitet man ohne Rahmen, wird sich auch eine kleine Stickerei einseitig verziehen. Der Stoff kann aber beim späteren Bügeln wieder zurechtgezogen werden. Die Fäden dürfen dennoch nicht zu stramm gezogen werden, um den „Drall" in eine Richtung nicht zu verstärken. Außerdem werden die Fäden durch zu strammes Anziehen dünner und bedecken dann den Untergrund nicht mehr vollständig.

Das Aussuchen der Motive

Es macht sehr viel mehr Spaß, ein Motiv nachzusticken, das man auch selbst entworfen hat. Dabei spielt es keine Rolle, ob es sich um ein abstrak-

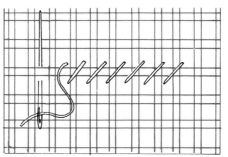
Abb. 1: Halber Kreuzstich.

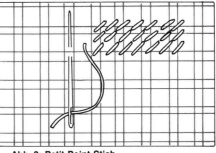
Abb. 2: Petit-Point-Stich.

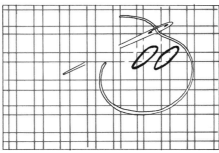
Abb. 3: Schrägstich.

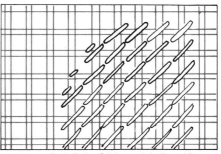
Abb. 4: Petit-Point-Stich und halber Kreuzstich gemischt.

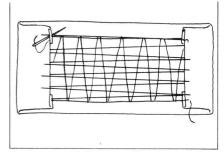
Abb. 5: Verschnüren des Stramins auf der Holzrückseite.

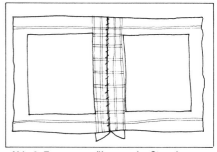
Abb. 6: Zusammennähen zweier Straminstücke.

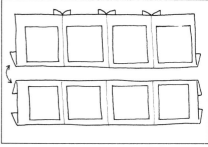
Abb. 7: Aneinandernähen zweier Reihen.

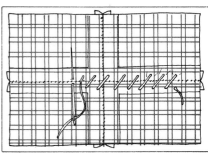
Abb. 8: So werden die Nahtkanten überstickt.

tes oder figürliches Bild handelt. Hauptsache selbstgemacht! Hält man sich für keinen so guten Zeichner, kann man auch in seinem Fotoalbum oder in einer Illustrierten Jagd auf Motive machen und sie anschließend einfach abpausen. Das Geheimnis der Gobelin-Stickerei liegt in der Einfachheit und Klarheit der Motive. Sie lassen viel Freiheit für die Auswahl der Farben. Jedes Bild oder Muster wird in Originalgröße auf weißem Papier entworfen und mit schwarzem Filzstift sauber nachgezogen. Legt man jetzt den Stramin auf die Zeichnung, scheinen die Umrisse durch das grobmaschige Netz durch und können mit Wäschetinte so gleichmäßig wie möglich ohne zu scharfe Ecken und Kanten übertragen werden. Soll die Stickerei später aus überwiegend hellen Farben bestehen, nimmt man zum Übertragen der Motive Schneiderkreide und näht alle Konturen im einfachen Vorstich mit heller Nähseide nach. Der Nähfaden kann auf der Arbeit verbleiben, er wird beim Sticken mit dem Stickfaden überdeckt. Wenn alle Flächen ausgestickt sind, darf nirgends mehr Stramin durchscheinen.

Das Bügeln

Betrachtet man das fertige Stickbild, wird man feststellen, daß es sich einseitig in Stickrichtung verzogen hat. Durch Spannen und Dämpfen wird es in seine ursprüngliche Form zurückgebracht. Dazu steckt man den Stoff mit Stecknadeln oder Reißzwecken auf der Bügelunterlage fest, die mit einem hellen, sauberen Tuch belegt ist. Die Arbeit wird mit der rechten Seite nach unten festgesteckt und beim Stecken in die richtige Form gezogen. Dann deckt man obendrauf noch ein helles Tuch und kann vorsichtig mit dem Dämpfen beginnen. Dabei darf man nicht zu fest aufdrücken. Man bügelt sonst die Stiche „platt", und die Farben

12 kleine Bilder zu einer Bilderserie nebeneinandergehängt sind ein ganz besonderes Geschenk, über das sich jeder freuen würde.

werden stumpf. Nach dem Bügeln verbleibt das Stickbild noch 24 Stunden gespannt auf der Unterlage. Dann ist es durch und durch trocken und kann gerahmt werden.

Das Rahmen

Zunächst wird das Bild auf eine Hartfaserplatte gespannt, die genau in den vorgesehenen Rahmen paßt. Entweder werden alle nach hinten gezogenen Seiten des Stramins dazu auf dem Holz festgeklebt, oder aber mit starkem Zwirn hinten verschnürt (Abb. 5).

Das Säumen von Stramin

Stramin kann wie gewöhnlicher Stoff beim Nähen behandelt werden. Wichtig ist, daß man beim Umnähen einer Kante ein oder zwei bestickte Reihen mit umnäht, damit später wirklich nichts von der Unterlage herausguckt.

Das Zusammennähen kleinerer Teile

Will man mehrere kleine Bilder zu einem großen Bild zusammennähen, breitet man sie erst einmal in der richtigen Reihenfolge aus und überlegt, wieviele Kästchen Zwischenraum als Rahmen zwischen den einzelnen Bildern bleiben sollen. Diese Zahl wird halbiert. Jetzt weiß man, wieviele Kästchen rund um jedes einzelne Bild stehen bleiben müssen, wenn man den Saum nach hinten umlegt. Näht man jetzt einzelne Teile oder Reihen zusammen, beginnt man dabei mit den Mittelnähten. Der Rand, der später mal die rundumlaufende Kante aller Bilder sein wird, wird zuletzt gesäumt.

Man biegt die Kanten so weit um, daß zwei doppelte Querfäden des Stramins erfaßt und zusammengezogen werden können. Alle Querfäden beider Teile

Eine Arbeit für Fortgeschrittene „Stikker": Motive der kleinen Bilder wurden auf Sofakissen gestickt.

müssen dabei genau parallel liegen, sonst kann man später die Zwischenräume nicht sauber aussticken (Abb. 6). Man näht mit Nähgarn, das später von den Stickfäden überdeckt wird und somit unsichtbar bleibt.

Zuerst näht man zwei Bilder an ihrer senkrechten Mittelnaht zusammen, dann verbindet man die Paare miteinander. Hat man alle einzelnen Reihen fertiggestellt, werden die Säume hinten vorsichtig auseinandergebügelt. Jetzt können die einzelnen Reihen aneinandergenäht werden (Abb. 7). Dazu wird auf beiden Teilen wie vorher ein Saum umgefaltet und die beiden Querfäden des Stramins stramm zusammengezogen. Auch jetzt müssen alle senkrechten und waagerechten Linien übereinstimmen. Hängen alle Teile aneinander und sind alle Säume umgebügelt, können die einzelnen Zwischenräume ausgestickt werden. Am besten verwendet man eine dunkle Farbe, passend zu den Bildern, oder schlicht Schwarz oder Grau. Man arbeitet im halben Kreuzstich (Abb. 8). Bei den ersten zwei oder drei Reihen arbeitet man beim Sticken den Saum mit ein. Dann kann das überstehende Ende des Saums abgeschnitten werden. Zuviele Reihen Saum darf man nicht erfassen, die Arbeit würde dann unnötig schwer und uneben.

Zwölf kleine Bilder

All diese kleinen „Gemälde" haben das gleiche Grundmotiv: Landschaft und Himmel in verschiedenen Jahreszeiten, bei schlechtem und gutem Wetter, bei Tag und bei Nacht. Das ermöglicht die Verwendung einer Vielzahl von Farben. Die Motive sind sehr einfach gehalten und können leicht nachgearbeitet werden.

Material

Für jedes Bild braucht man 18 cm x 22 cm doppelfädigen Stramin, mit ca. 10 Löchern auf 2,5 cm.
Metallverstärkte Holzrahmen, 2 cm

jedes Quadrat = 3 cm

Abb. 9: Die Grundmotive für die kleinen Bilder.

starke Hartfaserplatten in Rahmengröße.

Und so wird's gemacht:

Alle Techniken, die man für diese Arbeit braucht, sind auf den Seiten 8 – 12 erklärt.
Die in Abbildung 9 gezeigten Motive werden auf weißes Papier vergrößert und dann auf den Stramin übertragen. Entweder zeichnet man die Motive freihändig auf oder paust sie durch. Die Flächen werden alle im halben Kreuzstich und Petit-Point-Stich ausgestickt (Abb. 1). Sind alle 12 Bildchen fertig, werden sie in Form gebügelt und auf Hartfaserplatten (14 cm x 16,5 cm) gelegt und fest in den Rahmen gepreßt.

Sitzkissen

Anhand dieser Kissenpaare wird die Gobelin-Arbeit im „Großen" gezeigt. Gearbeitet wird auf viel gröberem Stramin, mit längeren Nadeln und dicker Wolle. Dadurch werden die großen Flächen in verhältnismäßig kurzer Zeit fertig.
Beim Aussuchen des Motivs muß man berücksichtigen, wie oft die Kissen genutzt werden. Helle Farben werden schneller schmuddelig und abgegriffen aussehen als dunkle Farben, besonders an den Sitzflächen. Sind die dunklen Farben auch schmutzunempfindlicher, so sieht man darauf alle Haare, wenn man einen Hund oder eine Katze hat.
Gestickt wird im Schrägstich. Die Motive für die Sitzkissen und Rückenlehnen sind die gleichen wie auf den

kleinen Bildern, jedoch stark vergrößert. Die Kissen wirken vor einfarbigem Hintergrund am besten, weil sie selbst sehr farbenfroh sind und den Blickfang eines Zimmers bilden. Man kann auch für ein gemustertes Sofa bezauernde Kissen sticken, indem man das Muster des Sofas auf den Kissen wiederholt. Variieren kann man dabei mit anderen Farben oder anderer Mustergröße. Auch bereits vorhandene Kissen lassen sich mit Stramin-Stickerei überziehen. Es ist aber auch nicht schwer, ganz neue Kissen zu handarbeiten.

Material

Zweifädiger Stramin, mit fünf Löchern auf 2,5 cm in den erforderlichen Maßen Dicke Wolle.
Kordstoff, der als Kante die Kissen einfaßt (nach Wunsch).
Zubehör für das Gobelin-Sticken, wie auf Seite 7/8 aufgeführt.
Für ein neues Kissen:
Kissenfüllung z.B. Daunen, Schaumgummi, Kapok.
Feiner Stoff, in den die Füllung eingenäht wird.
Polstermöbelstoff für die Rück- und Seitenwände des Kissens.
Reißverschluß (nach Wunsch).

Und so wird's gemacht:

Die genauen Arbeitsanweisungen für die Gobelin-Stickerei sind bereits auf den Seiten 8 – 12 beschrieben.
Soll ein altes Kissen neu bezogen werden, trennt man den Stoffteil, der durch Stickerei ersetzt werden soll, heraus, bügelt ihn glatt und kann ihn nun als Größenmuster für die Stickerei verwenden. Man rechnet jeweils eine Reihe an den Kanten mehr an Stickerei, damit beim späteren Zusammennähen kein Stramin mehr zu sehen ist.
Für ein neues Kissen schneidet man den Stramin in der gewünschten Kissengröße zusätzlich mindestens 2 cm Nahtzugabe an allen Seiten zu. Man näht den Innenbezug für die Kissenfüllung. So kann man den gestickten Bezug auch einmal separat waschen. Das Motiv (Abb. 9) wird vergrößert und auf den Stramin übertragen. Im Schrägstich wird die Arbeit vollendet, anschließend in Form gebügelt und vollkommen trocknen gelassen.

Und so wird das Kissen fertiggestellt

Soll der Kissenbezug für ein altes Kissen sein, wird der Rest, der nach Heraustrennen des Musterstückes übriggeblieben ist, von rechts auf links gedreht und die Stickarbeit mit der rechten Seite nach unten eingepaßt. Zuerst wird sie festgesteckt, dann geriehen. Eine kleine Öffnung läßt man offen, um das Kissen wenden zu können. Bevor die endgültige Naht ausgeführt wird, wird das Kissen auf rechts gedreht, um zu kontrollieren, daß alles gut sitzt und kein Stramin durchscheint. Auf der linken Seite wird das Kissen nun entlang der Reihstiche mit der Maschine oder der Hand abgesteppt. Dabei wird auch die kleine Öffnung mit zugenäht. Um das Kissen zu wenden, wird eine andere Naht an einer unteren Seite aufgetrennt.
Für ein neues Kissen werden zuerst die Seitenteile an das gestickte Oberteil genäht. Dabei werden die jeweils rechten Seiten aufeinandergelegt und einmal rundherum abgesteppt (Abb. 10). Jetzt wird der Boden des Kissens eingepaßt und ebenfalls mit

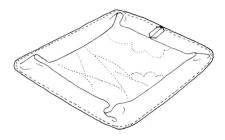

Abb. 10: So werden die Seitenteile an die rechte Seite des Gestickten genäht.

der rechten Seite nach unten bis auf einen Spalt angenäht. Nun wird die Arbeit auf rechts gedreht, mit dem Kisseninlett gefüllt und die offene Seite mit einem Reißverschluß geschlossen oder zugenäht.

Das Freundschaftsbild im Setzkastenformat

Dieses große Bild ist aus 35 kleinen Quadraten entstanden, die von 21 verschiedenen Leuten gestickt wurden. Eine Gruppe von Freunden hat diese Arbeit in Angriff genommen, in Gedenken an das Jahr 1974. Die Arbeit ist reihum gereicht worden. Von dieser Idee ist in der Vergangenheit vielfach Gebrauch gemacht worden, und besonders die Gobelinstickerei und die Patchworkarbeit läßt eine Teamarbeit zu, um ein bestimmtes Ereignis oder Jahr festzuhalten.

Die Person, die die Arbeit leitet und beaufsichtigt, verteilt an alle Personen, die mitmachen wollen, ein Stück Stramin, auf dem die Bildgröße markiert ist, eine Auswahl an verschiedenen Farben und Sticknadeln.

Material

Zweifädiger Stramin mit zehn Löchern auf 2,5 cm. So viele Stücke, wie Bilder entstehen sollen. Die Maße berechnet man plus 2,5 cm ringsum zum Zusammennähen. Das Zubehör für die Gobelin-Stickerei, wie auf Seite 7/8 beschrieben.

Und so wird's gemacht:

Alle genauen Angaben für die Gobelin-Stickerei sind bereits auf Seite 8 – 12 erklärt.
So ein Freundschaftsbild in den Maßen 90 cm x 60 cm zu arbeiten, erfordert eine Menge stickwütiger Freunde, einen großen Rahmen und vor allem Geduld und Ausdauer beim Zusammennähen der kleinen Bildchen. Es sollte jedem einzelnen überlassen werden, was und mit welchem Stich er stickt. Er sollte auch nicht sehen, was die anderen anfertigen, dann wird das Bild vielfältiger und farbenfroher. Es ist sinnvoll, mehr Quadrate zum Sticken zu verteilen, als man wirklich braucht. Es stellt sich immer wieder heraus, daß einige mit ihrer Arbeit nie fertig werden. Auf dem abgebildeten Foto sind fast alle Flächen mit dem halben Kreuzstich und dem Petit-Point-Stich ausgeführt worden. Ist der Rahmen bereits vorhanden, wird danach die Anzahl der Quadrate berechnet und mit der Zugabe von 1,5 cm für den Rand und 2,5 cm zum späteren Zusammennähen zugeschnitten. Man kann natürlich auch erst die Bilder ausrechnen und später einen Rahmen dafür bauen. Jedes kleine Bild sollte mindestens 10 cm breit sein, damit es noch möglich ist, ein Motiv aufzusticken. Kleinere Quadrate machen auch später zu viel Arbeit beim Zusammennähen. Die Fläche, die ausgestickt werden soll, wird deutlich markiert und kann dann in Arbeit gegeben werden.
Sind alle Stücke fertig, werden sie in Form gebügelt und in die endgültige Reihenfolge gebracht. Ein oder zwei Felder in der Mitte läßt man frei, denn dort hinein sollen alle Namen der Mitwirkenden gestickt werden (in der Reihenfolge der Bilder). In den oberen Rand wird das Datum eingestickt. Jetzt werden alle Stücke zusammengenäht und nochmal gebügelt. Die jetzt noch freien Flächen werden in einer Kontrastfarbe, Schwarz oder Grau mit dem halben Kreuzstich ausgestickt. Alle Buchstaben und Zahlen werden zuerst eingestickt. Erst dann wird der Hintergrund rundherum ausgefüllt. Sind alle Flächen um jedes Bild fertiggestickt, wird die Arbeit ein letztes Mal gebügelt, auf Holz aufgezogen und gerahmt.

Eine „Gedächtnistafel" von vielen flinken Händen gestickt und zusammengenäht.

Lederarbeiten

Als der Mensch zum Jäger wurde, merkte er bald, daß neben dem Fleisch des Beutetieres auch dessen Fell wertvoll war. Es dauerte nicht lange, da hatte er eine Methode gefunden, durch Gerben die Tierhaut haltbar und geschmeidig zu machen. Schließlich enthaarte er die Tierhaut und erhielt ein Leder, wie wir es heute kennen. Seitdem wurde Leder zu einer Vielzahl von Gegenständen verarbeitet, z.B. Schuhen, Kleidung, Möbelbezügen, Taschen und Schmuck. Je nach Tierart und Weiterverarbeitung unterscheidet sich das Leder in Struktur und Dicke. So gilt z.B. das Rindleder als besonders haltbar und unverwüstlich, während Schweinsleder wegen seiner Geschmeidigkeit und der natürlichen Porennarbung begehrt ist. Wildleder dagegen hat eine samtene Oberfläche und ist empfindlich gegen Schmutz und Nässe. Zu den teuersten Lederarten gehört das Echsenleder. Seine kräftige Zeichnung hat es so beliebt gemacht. Es wird von Echsen, Krokodilen und Schlangen gewonnen.

Was man für Lederarbeiten braucht

Nun, das wichtigste Utensil ist natürlich das **Leder** selbst. Die Qualität wird von der Körperpartie bestimmt, aus der es gewonnen wurde. So ist das Leder vom Rücken besonders fest und strapazierfähig, während das Leder vom Bauch eines Tieres dünner und weicher ausfällt. Die Außenseite des Leders nennt man Narbenseite. Abb. 1 zeigt die verschiedenen Teile einer Tierhaut.

Zum Schärfen der Werkzeuge benutzt man einen **Ölschleifstein** oder **Sandpapier,** das um ein **Metallineal** gewickelt wird.

Spezielle Messer erfüllen unterschiedliche Funktionen: Schustermesser (Messer mit scharfer, schräger Schnittfläche) oder Teppichmesser zum Schneiden des Leders; Linolschnittmesser zum Einschneiden von Mustern; Trennmesser zum Abschneiden kleiner Ecken und Kanten; Kantenmesser zum Abrunden der Kanten.

Mit einer **Sattlerklemme** wird das Leder beim Nähen zusammengehalten, wenn man die Teile nicht mit den Knien hält.

Mit einem verstellbaren **Falzgerät** wird in gleichem Abstand von der Kante auf der Narbenseite eine Linie gefalzt. Sie dient entweder zur Dekoration oder als Hilfslinie beim Nähen oder Nieten. Dabei muß das Leder feucht sein.

Soll die Naht besonders akkurat aussehen, fährt man mit dem **Rändelrad** entlang der Nahtlinie. Seine Zacken markieren je nach Größe des Rades eine bestimmte Anzahl Einstichlöcher pro Zentimeter.

Wenn das Leder gebogen oder gefaltet werden soll, hebt man mit dem **Hohleisen** auf der Lederunterseite eine U-förmige Nut aus.

Mit einer **Schusterahle** bohrt man die Löcher zum Nähen vor.

Mit **Punzeisen** verschiedener Größe und Formen lassen sich Muster in das Leder schlagen. Das Leder wird dazu auf ein hartes Holzbrett gelegt und die Eisen mit einem Holzhammer eingeschlagen.

Nieten in verschiedener Größe benutzt man als Dekoration oder zum Verbinden zweier oder mehrerer Lederteile.

Ledernadeln gibt es in unterschiedlichen Formen und Größen, je nach Garndicke. Sie haben immer eine stumpfe Spitze, denn die Nahtlöcher werden mit der Schusterahle vorgestochen.

Als Nähgarn verwendet man gewöhnlich ungebleichten **Zwirn.** Es gibt aber auch Garne, die besonders vorbehandelt sind, z.B. gewachst oder eingefärbt.

Zum Beizen des Leders nimmt man spezielle **Lederfarben,** die im Fachhandel erhältlich sind. Einige von ihnen sind giftig und sollten daher fern von Lebensmitteln in Glasbehältern mit Schraubverschluß aufbewahrt werden.

Mit **Lederöl** macht man Leder geschmeidig und wasserabweisend.

Auf einer **Hartfaserplatte** wird das Leder geschnitten. Als **Presse** beim Leimen von Leder eignet sich am besten eine Buchbinderpresse. Aber auch Schraubzwingen, wie man sie beim Leimen von Holz verwendet, genügen.

Auf einem **Amboß** wird das Leder genietet und geformt. Mit einem Holzstab, auf dessen Ende ein Stück Filz geklebt wurde, färbt oder fettet man die Kanten.

Ein **Wachsrest** dient zum Einfetten des Nähgarns, das dadurch haltbarer wird. Viele Lederzwirne werden bereits gewachst geliefert.

Lederklebstoff zum Verleimen der Kanten gibt es in Tuben zu kaufen. Man kann sich aber auch mit Kontaktklebern behelfen.

Ferner braucht man Hammer, Schere, Metallineal, Zirkel, Winkeleisen, Kugelschreiber und Bleistifte, Poliertuch, Segeltuch, Baumwolle, Karton und Pauspapier.

Jemandem, der noch nie mit Leder gearbeitet hat, und der sich jetzt von der Vielzahl der aufgeführten Werkzeuge entmutigen läßt, sei versichert, daß man für den Anfang auch mit wenigen dieser Arbeitsgeräte auskommt.

Unerläßlich sind Schusterahle, ein scharfes Messer, scharfe Schere, Lineal. Ein Falzbein kann die Falzmaschine ersetzen; statt des Rändelrades kann man zur genauen Stichmarkierung auch eine aus Pappe gleichmäßig geschnittene Zackenkante verwenden. Die Zackenspitzen geben dabei den gleichmäßigen Abstand zur Kante an, während die Zwischenräume die Abstände der Stiche aufzeigen. Ferner braucht man natürlich Nähnadeln und Zwirn.

Hat man einmal Gefallen an Lederarbeiten gefunden, wird man sich nach und nach die besonderen Werkzeuge zulegen. Manchmal ist es etwas schwierig, Lederzubehör zu bekommen. Am besten man wendet sich an seinen Schuster. Wenn er einem die Sachen nicht bestellen kann, so wird er doch wissen, an wen man sich wenden muß.

Grundtechnik

Bevor man das Leder zuschneidet, fertigt man sich Schablonen aus festem der gewünschten Linien. Dabei ist es wichtig, daß man auch wirklich alle drei Lagen erfaßt und nicht nur Füllung und Oberdecke zusammennäht. Je gleichmäßiger die Stiche ausfallen, desto attraktiver sieht später die Stepparbeit aus (Abb. 8). Bei der Handstepperei wird gewöhnlich 6 mm von den Quadratkanten entfernt genäht. Man ist aber nicht an die Quadratreihen gebunden, sondern kann sich verschiedene Steppmuster ausdenken und vorher mit Schneiderkreide aufmalen.

Zur Arbeitserleichterung kann man das ganze Werkstück in einen großen Holzrahmen spannen. Auch ein großer Stickrahmen, der allerdings nur einen Teil der Arbeit straff hält, tut gute Dienste.

So wird der Stoff gleichmäßig straff gehalten, und die Stiche können sauber ausgeführt werden.

Ist ein Faden zu Ende, wird er verknotet. Den Knoten läßt man wieder in der Füllung verschwinden. Fäden, die am Reihenende überhängen, werden, wenn die ganz Stepparbeit beendet ist, versäubert. Dazu fädelt man beide Fäden von oben und unten in eine Nadel mit großem Öhr, sticht von unten in das Material, führt sie ca. 2 cm durch die Füllung und sticht am Unterstoff wieder heraus. Man schneidet sie knapp über dem Material ab.

Ausarbeiten der Kanten

Nun gilt es, die Kanten ringsherum zu versäubern. Dazu wird das überschüssige Material von Füllung und Unterstoff entlang der Patchworkarbeit sauber abgeschnitten. Für das Einfassen benötigt man Schrägband. Man kann es entweder fertig kaufen oder aber selbst aus dem Unterstoff zuschneiden. Dabei schneidet man schräg zum Fadenlauf (Abb 9). Die einzelnen Streifen werden nun wie in Abbildung 10 zusammengesetzt, so daß sie eine Länge ergeben, die einmal um die gesamte Arbeit reicht.

Danach werden die Schrägstreifen zur Hälfte gebügelt. Das erleichtert das gleichmäßige Umlegen zur Rückseite. Jetzt werden sie mit der rechten Seite auf die Patchworkarbeit gelegt und mit der Maschine knappkantig durch alle Lagen hindurch angesteppt. Dann wird die Arbeit gewendet, die Streifen nach hinten gekippt und mit Saumstich angesäumt. Fertig ist die Arbeit (Abb. 11).

Waschanleitung

Die Reinigung der Decke richtet sich nach dem verwendeten Füllmaterial. Ist es Synthetik, so kann man die Decke sogar in der Waschmaschine waschen, kurz anschleudern und auf die Leine hängen. Günstig ist es, die Leine mit Handtüchern abzupolstern, damit keine Abdrücke von der Wäscheleine zurückbleiben. Noch besser ist es, die Decke auf einem Laken flach auf dem Rasen zum Trocknen auszubreiten. Nach dem Trocknen mit einem Bügeleisen leicht gedämpft, sieht sie wieder wie neu aus. Eine Decke mit Baumwollfüllung muß man reinigen lassen.

Das Ahornblattmuster

Das Ahornblattmuster ist eine Variante des Schachbrettmusters, das auf den vorigen Seiten erklärt wurde. Es besteht ebenfalls aus neun kleinen Quadraten, die zu einem Block zusammengesetzt werden. Fünf dieser kleinen Quadrate sind noch einmal unterschiedlich unterteilt, um das Blattmuster beim Zusammennähen zu erzielen (Abb. 12).

Material

Um dieses Muster zu arbeiten, braucht man vier unterschiedliche Schablonen: Schablone A: Quadrat, Schablone B: großes Dreieck, Schablone C: kleines Dreieck, Schablone D: dünner Streifen, der den Blattstiel darstellt (Abb. 13).

Man benötigt Stoff in zwei Kontrastfarben (Hellbraun – Dunkelblau, Schwarz – Weiß).

Und so wird's gemacht:

Die genauen Arbeitsgänge für eine Patchworkarbeit sind bereits auf den Seiten 25 – 27 erklärt.

Nach diesen Erklärungen werden die Schablonen hergestellt: Man zeichnet sie auf Millimeterpapier in Originalgröße auf, überträgt die geometrischen Formen auf die Pappe und schneidet sie mit den Nahtzugaben von 6 mm aus. Nun kann man mit dem Zuschneiden des Stoffes beginnen: Für ein Viereck aus neun kleinen Quadraten schneidet man nach dem Muster A drei dunkle und ein helles Stoffstück aus; nach Muster B vier dunkle und fünf helle Stücke; nach Muster C ein helles Stück und nach Muster D ein dunkles Stück. Soweit vorbereitet, können die Flicken zusammengenäht werden. Die zwei gleichgroßen Dreiecke werden deckungsgleich aufeinander gelegt, mit den rechten Seiten nach innen. An der längsten Seite des Dreiecks wird 6 mm vom Rand entfernt genäht. Anfang und Ende der Naht werden durch Vor- und Zurücknähen gesichert. Muster C und

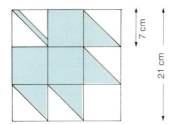

Abb. 12: Ein Ahornblatt-Block.

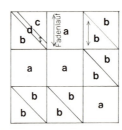

Abb. 13: So werden die Schablonen zugeschnitten.

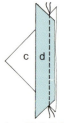

Abb. 14: Das Annähen des „Blattstiels".

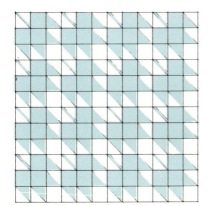

Abb. 15: Mögliche Anordnung der einzelnen Blöcke.

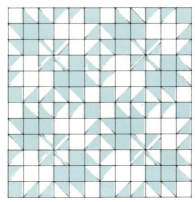

Abb. 16: Variante des Ahornblattmusters.

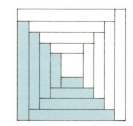

Abb. 17: Ein Block in Streifentechnik.

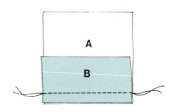

Abb. 19: So werden die ersten beiden Teile aneinandergenäht.

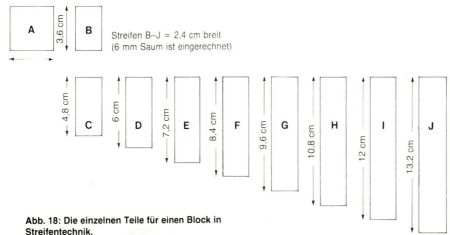

Abb. 18: Die einzelnen Teile für einen Block in Streifentechnik.

Muster D werden mit den rechten Seiten wie in Abbildung 14 aufeinandergelegt und auch 6 mm vom Rand entfernt zusammengenäht. Kanten sichern. Damit ist eine Einheit entstanden, deren Säume flachgebügelt werden. Jetzt kann damit begonnen werden, die fertigen Vierecke zusammenzunähen. Dabei sind der Fantasie keine Grenzen gesetzt. Abbildung 15 zeigt z.B. ein Muster, das dem des Wandbehangs auf dem Bild Seite 29 entspricht. Die Blätter weisen dabei nach rechts unten. Auf Abbildung 16 sieht man eine Variante, bei der die einzelnen Einheiten „seitenverkehrt" gearbeitet wurden. Außerdem wurde die Blattrichtung variiert. Es empfiehlt sich wieder, Farb- und Musterkombinationen mit farbigen Filzstiften auf Rechenpapier auszuprobieren. Ein Rechenkaro entspricht dabei wieder einem kleinen Quadrat von 7 cm x 7 cm.

Gut hebt sich das Ahornblattmuster von dem hellen Hintergrund ab. Die Sofakissen wurden alle in der Streifentechnik gearbeitet. Es wurden sowohl einfarbige, als auch gemusterte Stoffe verwendet und zu Vierer-, Neuner- und Sechzehnerblocks zusammengesetzt.

Das Absteppen

Die Arbeitstechnik für das Steppen wurde im Detail auf den Seiten 26/27 erklärt.
Es gibt für dieses Muster verschiedene Möglichkeiten, es abzusteppen. Entweder steppt man entlang der Nähte zwischen den großen Einheiten. Dadurch werden die großen Quadrate hervorgehoben. Oder aber man steppt entlang irgendeiner Naht im Blattmuster. Der Fantasie sind dabei keine Grenzen gesetzt, solange die Steppreihen regelmäßig ausgeführt werden. Nach Beenden der Arbeit werden wieder alle Fäden sorgfältig vernäht und abgeschnitten.

Arbeitsanleitung für den Wandbehang

Material

2,50 m schwarzer Stoff, 90 cm breit, 1,10 m weißer Stoff, 90 cm breit.
Schwarzes Nähgarn.
Rund- oder Vierkantholz, 15 mm Ø, 81 cm lang.
Wattierung 128 cm x 80 cm.
Jede Einheit mißt 23 cm x 23 cm. Die fertige Arbeit ist 122 cm x 76 cm groß. Die Streifen für die Umrandung sind 4 cm breit.

Und so wird's gemacht:

Man benötigt 15 gleiche Einheiten aus 3 x 3 Quadraten, die in drei Reihen zu je fünf zusammengenäht werden. Für die Umrandung schneidet man 4 cm breite Streifen aus schwarzem Stoff zu, die um die ganze Arbeit herum angesetzt werden. In den Ecken werden sie im spitzen Winkel aneinandergesetzt (Gehrung). Für den Rundstab, der die Arbeit später an der Wand hält, wird ein weiterer Streifen, 6,5 cm breit zugeschnitten und so hinter die obere Borte genäht, daß man den Holzstab durchschieben kann.
Die Arbeit wird jetzt für das Steppen vorbereitet und nach beliebigem Muster abgesteppt. Zuletzt müssen die Kanten wieder mit einem Streifen eingefaßt werden, damit nichts ausfranst. Dazu wird der Streifen mit seiner rechten Seite auf die Oberseite des Gesteppten gelegt, in 6 mm Abstand von der Kante aufgenäht, gewendet und auf der Rückseite mit Saumstich festgenäht. Jetzt muß nur noch der Holzstab eingefädelt werden, und der Wandbehang kann an seinem Ehrenplatz aufgehängt werden.

Patchworkarbeit in Streifentechnik

Die dreidimensionale Wirkung dieser Patchworktechnik gibt der Arbeit ein besonders interessantes Aussehen. Um diese „Tiefenwirkung" zu erzielen, muß man die Farbschattierungen der einzelnen Stoffe besonders sorgfältig aussuchen. Für die eine Hälfte wählt man dunklere Stoffe in verschiedenen Schattierungen aus, für die gegenüberliegende Seite nimmt man hellere Stoffe (Abb. 17).

Material

10 verschiedene Schablonen.
Schablone A: Quadrat.
Schablone B – J: Rechtecke (Abb. 18).
Stoffe in hellen Schattierungen,
Stoffe in dunklen Schattierungen.
Einfarbiger Stoff für das mittlere Quadrat.

Und so wird's gemacht:

Alle notwendigen Grundtechniken sind bereits auf Seite 25 – 27 erklärt.
Für die Schablonen werden die einzelnen Muster auf Millimeterpapier aufgezeichnet, auf Pappe übertragen und mit 6 mm Nahtzugabe ausgeschnitten. Man braucht für dieses Muster ein Quadrat für die Mitte und beliebig viele Rechtecke, die verschränkt um das Mittelstück herumgelegt werden. Die Rechtecke sind alle gleich breit und werden von Reihe zu Reihe jeweils um soviel länger, wie sie breit sind. Hier ein Rechenbeispiel: Soll das Mittelstück 2,5 cm plus Nahtzugabe groß werden, schneidet man ein Quadrat zu, das diagonal 4 cm mißt. Die Rechtecke sollen 1,5 cm breit sein. Man schneidet also 2,5 cm breit zu, um die Nahtzugaben zu berücksichtigen. Pro Reihe werden die Rechtecke um 1,5 cm plus Nahtzugabe länger. Die genauen Maße für die Rechtecke sind in Abbildung 18 abzulesen. Bei allen Maßangaben sind die Nahtzugaben bereits berücksichtigt.

So wird der Stoff zugeschnitten:

Muster A schneidet man aus hellem Stoff zu; Muster B aus dunklem Stoff. Von Muster C bis I benötigt man jeweils

Abb. 20: Aufbau des Blocks in Streifentechnik.

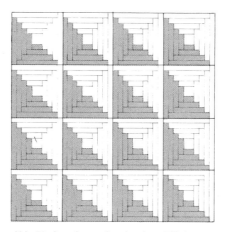

Abb. 21: Anordnung der einzelnen Blöcke.

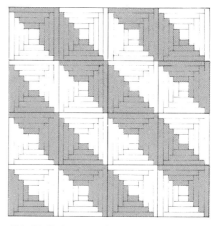

Abb. 22: Variante des Streifenmusters.

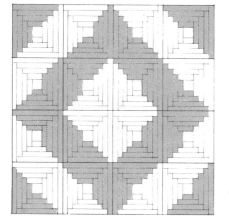

Abb. 23: Weitere Variante.

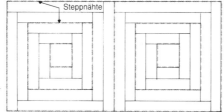

Abb. 24: Die abzusteppenden Nähte.

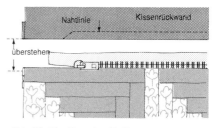

Abb. 25: Einnähen des Reißverschlusses.

ein dunkles und ein helles Stoffstück. Muster J wird einmal aus hellem Stoff zugeschnitten.

So werden die Stücke zu einer Einheit zusammengenäht:

Man beginnt damit, Stück B an Stück A anzunähen, wie Abbildung 19 zeigt. An dieses entstandene Rechteck wird Stück C aus dunklem Stoff angenäht. Jetzt ist ein Quadrat entstanden, an das an der oberen Seite das Stück C aus hellem Stoff angenäht wird. In dieser Reihenfolge fährt man fort, bis alle Teile vernäht sind. Dabei arbeitet man immer im Uhrzeigersinn (Abb. 20). Nach jedem Stück, das neu eingesetzt wurde, muß der Saum umgebügelt werden. So ein fertiges Viereck kann man beliebig vergrößern, indem man weitere Streifen, die jeweils 1,5 cm pro Reihe länger werden, annäht. Die ganze Arbeit kann wesentlich vereinfacht werden, wenn man das mittlere Quadrat größer schneidet und die Seitenteile breiter bemißt. Schöner sieht die fertige Arbeit jedoch in feinerem Muster aus.

So werden die Einheiten zusammengenäht:

Hat man alle Vierecke gearbeitet, gibt es wieder mehrere Möglichkeiten, sie aneinanderzunähen (Abb. 21–23). Man muß selbst auf Karopapier probieren, um interessante Farb- und Musterkombinationen zu entdecken.

Das Steppen

Man bereitet die Arbeit, wie auf Seite 26/27 erklärt, für das Steppen vor. Entweder wird entlang jeder zweiten Reihe, die ein Quadrat bildet, gesteppt (Abb. 24) oder entlang jeder einzelnen Einheit.

So wird ein Kissen aus diesem Muster gearbeitet:

Material

46 cm Stoff für die mittleren Quadrate, Stoff für die Kissenrückseite in Schwarz.
Je 22 cm Stoff in acht verschiedenen Farbabstufungen.
Wattierung 40 cm x 40 cm.
Reißverschluß, 30 cm lang.
Schwarzes Nähgarn.
Jede einzelne Einheit ist 12,5 cm x 12,5 cm groß. Das fertige Kissen mißt 38 cm x 38 cm.

Und so wird's gemacht:

Man arbeitet neun Einheiten und näht sie in drei Reihen zu drei Einheiten pro Reihe aneinander. Die dunklen Farben zeigen dabei alle in die gleiche Richtung (siehe Kissen auf dem großen Foto Seite 29) Dann wird das Kissen gesteppt. Jetzt kann das Kissenrückteil zugeschnitten werden. Es empfiehlt sich, die Patchworkarbeit nach dem Steppen noch einmal zu messen, da sich die Maße leicht verändern.
Die Rückseite des Kissens wird in der Größe der Vorderseite zugeschnitten, dabei berücksichtigt man an drei Seiten die üblichen Nahtzugaben. An der vierten Seite gibt man 12 mm für den Reißverschluß zu. Diese Nahtzugabe wird nach innen gebogen und umgebügelt. Jetzt wird der Reißverschluß mit der rechten Seite nach unten auf die Patchworkarbeit gelegt und knapp entlang der Zähne aufgesteppt. Das macht man entweder mit der Hand oder mit dem Reißverschlußfuß der Nähmaschine. Beim Annähen der zweiten Reißverschlußseite läßt man den Stoff 3 mm überstehen, damit der Reißverschluß verdeckt ist (Abb. 25). Man schlägt nun die Kissenrückseite nach vorn, so daß die rechten Seiten des Vorder- und Rückenteils aufeinander liegen. Beginnend an einer Reißverschlußseite näht man entlang aller Kanten bis zum anderen Ende. Dreht man das Kissen jetzt nach rechts um und dämpft es leicht, ist es fertig zum Füllen.

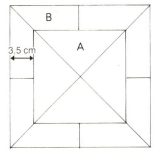

Abb. 26: Block im Windmühlenmuster.

Abb. 27: Anordnung der Farben.

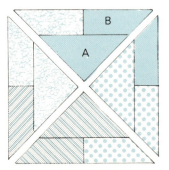

Abb. 28: Das Zusammensetzen der Dreiecke.

Das Windmühlenmuster

Das Windmühlenmuster entsteht, wenn man vier Dreiecke an den Spitzen zusammensetzt, so daß sie ein Quadrat bilden, und dieses Quadrat mit Streifen einfaßt, die in den Ecken spitz aufeinanderstoßen (Abb. 26). Die einfachen geometrischen Formen erlauben es, die Farben entweder innerhalb der einzelnen Einheiten zu mischen oder Farbkombinationen zu erzielen, indem man verschiedene einfarbige Einheiten aneinandernäht.

Für das Windmühlenmuster braucht man

Zwei Schablonen: A = Dreieck
B = Rechteck
Stoffe gleicher Qualität in vier verschiedenen Farben.

Und so wird's gemacht:

Zuerst werden wie gewohnt die beiden Schablonen aus Karton ausgeschnitten. Die fertige Einheit ist 20,5 cm x 20,5 cm groß. Aus dem Stoff schneidet man von Muster A ein Teil in allen vier Farben, von Muster B

Eine wunderbare Tagesdecke, die aus verschiedenen Farbkombinationen im Windmühlenmuster entstanden ist.

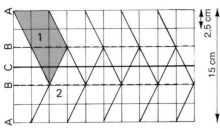

Abb. 29: Aufbau einer „geflochtenen" Borte.

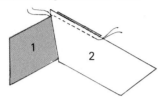

Abb. 30: Aneinandernähen der 1. beiden Teile.

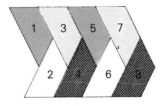

Abb. 31: Zusammensetzen der Teile zu einer Borte.

zwei Teile in allen vier Farben aus. Die Teile werden so zusammengesetzt, daß jedes Windmühlsegel aus einer Farbe besteht (Abb. 27). Zwei Stoffteile, die nach Muster B ausgeschnitten wurden, werden an den kurzen, geraden Enden zusammengenäht und dann an die lange Seite des Dreiecks A angenäht. So entstehen vier große Dreiecke, die zusammengenäht eine Einheit ergeben (Abb. 28). Zuletzt werden alle Säume sauber umgebügelt.
Für das Zusammensetzen der einzelnen Einheiten gibt es wiederum viele Möglichkeiten. Entweder wählt man ein Muster, das sich gleichmäßig auf der Arbeit verteilt, oder man näht verschiedenfarbige Einheiten, die beim Zusammensetzen neue Farbkombinationen ergeben. Auch hier lohnt es sich, verschiedene Muster auf Karopapier auszuprobieren.

Das Steppen

Entweder man steppt entlang der Nähte rund um die einzelnen Einheiten, oder man steppt alle Nähte, waagerecht, senkrecht und diagonal.

Eine Decke im Windmühlenmuster

Material

Je 50 cm Stoff in acht verschiedenen Farben für die mittleren 24 Einheiten.
1,50 m Stoff in vier verschiedenen Farben für die darumliegenden 36 Einheiten.
Nähgarn.
Füllmaterial 2,08 m x 1,27 m.
Futterstoff in der gleichen Größe.
Eine Einheit ist 20,5 cm x 20,5 cm groß.
Die fertige Arbeit mißt 2,05 m x 1,23 m.

Und so wird's gemacht:

Man braucht 12 Einheiten in den Farben der mittleren Einheiten und 12 Einheiten in den gleichen Farben, jedoch seitenverkehrt. Jeweils 12 Einheiten gleicher Farbkombination werden in drei Reihen mit je vier Einheiten zusammengenäht. Es sind jetzt zwei große Teile entstanden. In der dritten Farbkombination werden nun 36 weitere Einheiten gefertigt und an die zwei bereits fertigen Teile angenäht. Eine Reihe Einheiten um beide Mittelteile herum, je eine weitere Reihe an der unteren bzw. oberen langen Seite des großen Teils. Jetzt hat man die zwei Hälften der Decke gearbeitet. Sie werden auch so separat abgesteppt, weil ein einziges Stück zu groß und daher unhandlich wäre. Nach dem Steppen werden sie aneinandergefügt. Mit breitem Schrägband in der gleichen Farbe wie der Unterstoff werden die Kanten versäubert. Je nach Wunsch werden die Kanten verziert. Besonders hübsch sieht die Decke im Windmühlenmuster mit der Flechtkante aus.

Die geflochtene Deckenkante

Diese Deckenumrandung sieht besonders attraktiv aus und paßt hervorragend zu der Windmühlenstepparbeit (siehe Foto). Für das Muster ist lediglich eine Schablone nötig (Abb. 29).

So wird's gemacht:

Alle Techniken, die hierbei benötigt werden, sind bereits auf den Seiten 25 – 27 erklärt.
Für die Schablone zeichnet man sich die Graphik in Abbildung 29 auf Millimeterpapier. Der Abstand zwischen den Punkten A ist die Breite der Borte. Abstand A–C ist genau die halbe Breite, Abstand B–C ist ein Sechstel der ganzen Bortenbreite. In dieses Raster werden die einzelnen Flecht-

streifen wie auf der Abbildung eingezeichnet. Eines dieser Teile wird ausgeschnitten, auf Pappe übertragen und mit den Nahtzugaben ausgeschnitten. Die Umrandung wird in vier Farben gearbeitet, wobei sich die Farbkombinationen laufend wiederholen. Man schneidet daher je ein Stück aus jeder Farbe aus, um die ersten Einheiten zu nähen. Wie in Abbildung 30 zu sehen, werden die ersten beiden Stücke zusammengenäht. Jedes weitere Stück wird darübergesetzt und über die ganze Länge angesteppt.

Die Reihenfolge der Stücke ist aus Abbildung 31 ersichtlich. Man arbeitet immer in gleicher Richtung.

Die gesteppte Umrandung für eine Decke

Material

1,20 m Stoff, 90 cm breit in den vier gewünschten Farben.
Füllmaterial 2,10 m.
Unterlegstoff 2,10 m.
1 m Extrastoff in einer der vier Farben zum Annähen an die vorhandene Arbeit.
Nähgarn.
Die Borte ist 15 cm breit und paßt in vier Stücken um die Windmühlenmusterdecke (Seite 34).

Und so wird's gemacht:

Man schneidet in jeder Stoffarbe 72 Teile nach dem Muster zu und näht sie zu vier großen Einheiten zusammen, die 102,5 cm bzw. 153 cm lang sind. Diese beiden Teile werden jetzt an die großen Teile der Windmühlendecke genäht; jeweils ein langes und ein kurzes Stück. Erst jetzt werden die beiden Deckenteile gesteppt und zusammengenäht. Die Kante wird entlang aller Zwischennähte abgesteppt. Mit mehreren Schrägstreifen, 5 cm breit, in einer passenden Farbe, wird die Kante versäubert.

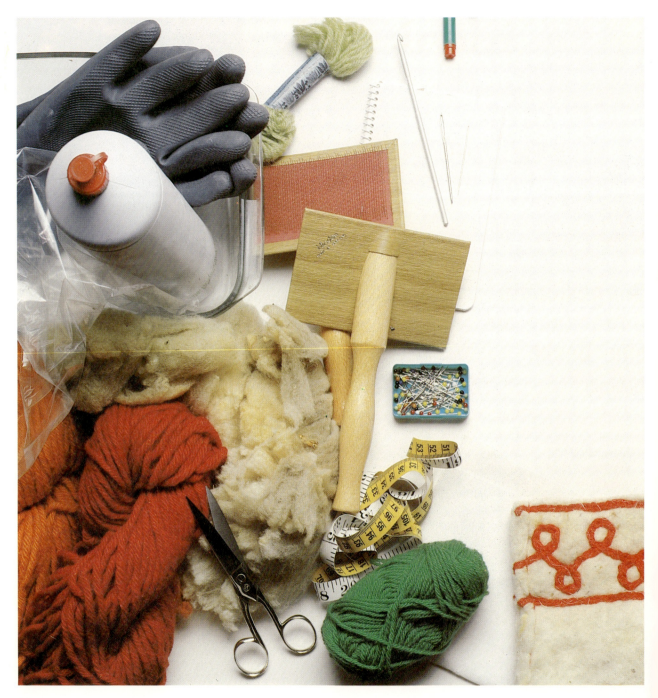

Kleidungsstücke aus selbstgemachtem Filz

Daß reine Wolle bei Hitze und Feuchtigkeit verfilzt, hat man schon mit Ärger festgestellt, wenn der teure Strickpullover versehentlich zu heiß gewaschen wurde. Diese für die Hausfrau meist negative Eigenschaft der Wolle läßt sich aber auch positiv nutzen, indem man Filzmatten herstellt, die sich zu einfachen Kleidungs- und Gebrauchsgegenständen verarbeiten lassen. Dabei bleiben die Grundeigenschaften der Wolle erhalten (Fähigkeit, Nässe zu speichern, ohne sich feucht anzufühlen, gute Wärmeisolierung und Schmutzunempfindlichkeit). Auch unsere Vorfahren waren mit der Stoffherstellung durch Verfilzen der Wolle bereits vertraut. Ausgrabungen förderten Filzstücke zutage, die bereits 3000 v. Chr. gefertigt worden waren. In Iran, Afghanistan, der Türkei und Teilen von Rußland werden aus verfilzter Wolle heute noch Matten und Satteldecken hergestellt.

Was man man zum Filzen braucht

Zum Filzen benutzt man **ungesponnene Schafwolle,** die es in Wollflocken nach Gewicht zu kaufen gibt. Verwenden kann man jede Wollart, denn beim sogenannten Walken (Filzen) verhaken sich die Schuppenzellen der einzelnen Wollhaare ineinander. Es entsteht eine Faserverschlingung, die nicht mehr zu lösen ist. Je feiner und kürzer die einzelnen Haarsträhnen der Haarbüschel sind, desto schneller verhaken sie sich. Es gibt viele Wollsorten unterschiedlicher Qualität. Zu den edelsten und teuersten zählt man die Merino-Wolle, eine feine, gekräuselte Wolle, die sich vorzüglich spinnen läßt und wertvolle Waren liefert. Die Grobwolle stammt von sogenannten Niederungsschafen wie z.B. der Heidschnucke,

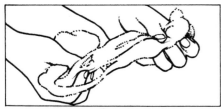
Abb. 1: Die Wollflocken werden „zerpflückt".

Abb. 2: Die Wolle wird so auf den Karden gedrückt.

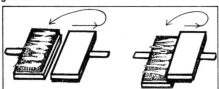
Abb. 3 und 4: Die Kämmbewegungen mit den Karden.

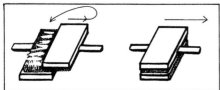
Abb. 5 und 6: Bei jeder Kämmbewegung läßt man die Karden mehr überlappen, bis sie schließlich ganz übereinanderliegen.

Abb. 7: Die Wolle hat sich gleichmäßig auf die Karden verteilt.

Abb. 8: Übertragen der Wolle auf 1 Karden.

Abb. 9: So wird die Wolle abgenommen.

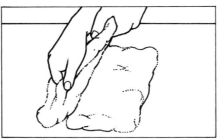
Abb. 10: Überlappen der „Wollteppiche".

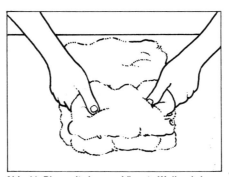
Abb. 11: Die zweite Lage gekämmte Wolle wird aufgelegt.

dem Marschschaf oder dem Schaf der Shetlandinseln in England. Die Haare der Grobwolle sind 12–32 cm lang, fast ungekräuselt und dabei derb und kräftig. Zu den gebräuchlichsten Wollsorten gehört die Kreuzzuchtwolle, die man durch Schafkreuzungen von Merino- und Grobwollschafen erhielt. Die Haare dieser Wolle sind leicht gekräuselt, fein, aber doch strapazierfähig. Für alle Arbeiten, die in diesem Kapitel beschrieben werden, kommt man mit der Wolle eines kleinen Schafes aus.

Zum Vorbereiten der Wollbüschel braucht man zwei sogenannte **Karden.** Das sind gewölbte Bürstenflächen, mit einem Handgriff. Anstelle von Borsten befindet sich auf der Unterseite ein Belag aus Kunststoff oder Segeltuch, der mit lauter vorstehenden Metallhäkchen versehen ist. Diese Belege werden in verschiedenen Feinheiten, das heißt mit mehr oder weniger groben Haken, 2 bis 5 Häckchen pro cm^2, hergestellt.

Gummihandschuhe benötigt man als Schutz vor dem heißen Wasser, in das die Wolle getaucht wird.

In eine **Plastikfolie** wird die Wolle zum Walken eingewickelt.

Eine große **Schüssel** braucht man für das heiße Wasser.

Grobe Strickwolle, bzw. Teppichwolle zum Nähen von Bordüren. Die Wolle muß dick sein, damit sie sich vom Filz gut abhebt.

Mit einer **Häkelnadel, Größe 4 1/2** wird die Teppichwolle zu Luftmaschenketten verhäkelt.

Futterstoff, um den rauhen Filz von innen abzufüttern.

Papier, zum Aufzeichnen der Schablonen. Ferner benötigt man Schere, Filzstift, Bleistift, Notizblock, Stopfnadel mit großem Öhr, Stecknadeln, Maßband, Lineal, Spülmittel oder Waschpulver.

Grundtechnik

Das Glattkämmen (Kardieren) der Wolle

Mit den Karden wird die Wolle gekämmt und gereinigt, gleichzeitig ausgedünnt und aufgelockert. Das Ergebnis des Kardierens hängt davon ab, wie groß die verwendeten Wollbüschel waren und wie stark man aufgedrückt hat. Es kann sich bei jedem Mal verändern, deshalb ist es wichtig, genau Buch über alle Vorgänge zu führen. Notiert man z.B., wieviel Wolle man beim Kämmen verwendete und wieviel Lagen von gekämmter Wolle man zum Filzen übereinandergelegt hatte, kann man verschiedene Arbeitsgänge und Ergebnisse nachträglich miteinander vergleichen.

Vor dem Kämmen wird die Wolle gewaschen und getrocknet. Dann nimmt man sich ein paar Wollsträhnen und zerteilt und lockert die einzelnen Büschel mit den Fingern. Das lockert die Wolle auf und darin verfangene Blätterreste oder Stroh können leicht ausgelesen werden (Abb. 1).

Dann wird gekämmt. Die Wolle wird dazu leicht in der Mitte des Kardens aufgedrückt (Abb. 2). Während die rechte Hand die Wolle etwas auseinanderzieht, hält die linke Hand die Strähne fest, damit sie nicht heruntergezogen wird. Diesen mit Wolle belegten Karden hält man mit der Wolle nach oben in der linken Hand, den leeren Karden mit den Nadeln nach unten in der rechten Hand. An der unteren Kante des linken Kardens beginnt man mit dem Auskämmen. Man legt die beiden Karden so aufeinander, daß sie nur ein wenig überlappen (Abb. 3 und 4), zieht sie auseinander und setzt sie

Abb. 12: Besprenkeln mit Seifenlauge.

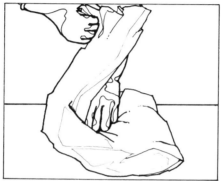
Abb. 13: Die Plastikfolie wird eng um die Wollagen gefaltet...

Abb. 14: ... und die Luft herausgedrückt.

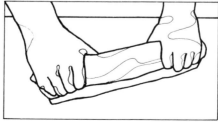
Abb. 15: Das Ganze wird aufgerollt und mit den Fingern gepreßt.

Abb. 16: Auswringen des Wassers.

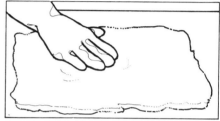
Abb. 17: Glätten der Oberfläche.

Abb. 18: Verschiedene Stickmotive.

wieder aufeinander. Diesmal läßt man sie ein wenig mehr überlappen. (Abb. 5) Nach jedem Aufsetzen wird der rechte Karden nach rechts weggezogen und in einem Bogen durch die Luft wieder aufgesetzt. So arbeitet man über den linken Karden hinweg, bis beide Karden völlig überlappen (Abb. 5 und 6). Jetzt muß sich auf beiden Striegeln etwa gleichviel gekämmte Wolle befinden (Abb. 7). Dann stellt man die beiden Kämme wie in Abbildung 8 gegeneinander, zieht den linken Karden nach unten, den rechten nach oben, dabei berühren sich die Häkchen leicht, und die Wolle wird auf den rechten Karden übertragen.

Der ganze Kämmprozeß wird wiederholt, damit auch die Fasern in der Mitte und unten ausgekämmt werden. Ist man damit fertig, wird sich auf dem rechten Karden mehr Wolle befinden. Nach einem dritten Kämmvorgang wird die Wolle abgenommen. Dazu hält man die beiden Karden V-förmig aneinander (Abb. 9) und hebt die Wolle mit dem leeren Karden vorsichtig herunter. Die Wollbüschel sind jetzt flauschig ausgekämmt und in eine rechteckige Form gebracht worden. Es werden weitere dieser „Wollteppiche" gefertigt, bis man für eine Arbeit genug hat. Einige Zusatzstücke fertigt man für das Probestück, an dem man das Filzen ausprobiert.

Das Filzen

Die so vorbereitete Wolle wird verfilzen, wenn man sie Nässe, Hitze und Druck aussetzt. Zuerst probiert man an einem Übungsstück, wieviele Lagen der Wollteppiche aufeinandergelegt werden müssen, um die erforderliche Dicke des Filzes zu erzielen.
Die gekämmte Wolle wird dazu in Lagen auf der Plastikfolie ausgelegt, die Kanten überlappen dabei leicht (Abb. 10). Eine zweite Lage Wolle wird rechtwinklig über die erste Lage gelegt (Abb. 11). So entstehen keine dünnen und schwachen Stellen. Es werden soviele Lagen aufeinandergelegt, bis man glaubt, die gewünschte Dicke erreicht zu haben. Man muß dabei bedenken, daß viel Luft in der Wolle gespeichert ist, die beim Filzvorgang entweicht, und die Lagen dadurch sehr viel dünner werden.

In heißes Wasser gibt man Spülmittel oder Waschpulver, bis es ordentlich schäumt. Das Wasser sollte so heiß wie möglich sein, so daß man gerade noch damit arbeiten kann. Die Lauge sprenkelt man auf die Wollagen (Abb. 12). Dann faltet man die Plastikfolie um die Wolle. Sie darf sich nicht ausbreiten können. (Abb. 13). Durch anschließendes Pressen drückt man die überschüssige Luft heraus (Abb. 14). Dann beginnt man damit, Wolle und Plastikfolie der Länge nach eng aufzurollen und gleichzeitig fest anzudrücken. (Abb. 15). Das wieder aufgerollte Paket wird ebenso über die Breite eng aufgerollt. Diese abwechselnden Vorgänge wiederholt man, bis die Fasern beginnen, sich zu verflechten und zu verfilzen. Dann wringt man den Filz und die Folie aus (Abb. 16), rollt das Paket auseinander und besprenkelt es erneut mit der Seifenlauge.

Das Aufrollen der Wollagen und das Besprenkeln mit Wasser wiederholt man so lange, bis die Wolle durch ihre ganze Dicke eng verfilzt ist und sich nicht mehr auseinanderziehen läßt. Damit ist ein strapazierfähiger Woll-Flies entstanden.

Wiederholt man den Filzvorgang jedoch zu oft, kommt es zum sogenannten „Totfilzen". Die Wolle wird brüchig und reißt leicht. Ist das Teststück zu

dünn ausgefallen, muß man noch einmal mit neuer Wolle beginnen. Fertiger Filz kann keine zusätzliche Wollschicht mehr aufnehmen. Wenn die Oberfläche zu rauh und uneben erscheint, kann sie mit Seifenwasser und reibenden Bewegungen geglättet werden (Abb. 17).
Der fertige Filz wird abschließend in heißem Wasser gewaschen, bis die Seife ausgespült ist, und getrocknet. Große Stücke kann man in der Waschmaschine anschleudern.

Abb. 20: Das Falten und Besticken der Tasche.

Stickereiverzierungen

Verziert wird selbstgefertigter Filz gewöhnlich mit Stickereien aus grober Wolle. Mit einer Häkelnadel, Größe 4 1/2, häkelt man eine Luftmaschenkette in entsprechender Länge und näht sie in Spiralenmustern auf die Oberfläche des Filzes. Einige Stickbeispiele sind in Abbildung 18 abgebildet.
Die Luftmaschenkette wird im gewünschten Muster auf den Filz gesteckt und mit einem gleichen Wollfaden im Vorstich aufgenäht. Fadenenden werden zur Rückseite gezogen und dort verknotet.

Waschanleitung

Die fertige Filzarbeit wird wie Wolle mit der Hand in lauwarmem Seifenwasser gewaschen. Große Arbeiten läßt man am besten reinigen.

Überziehweste

Diese Weste ist ein leicht nachzuarbeitendes Erstlingsstück für den Anfänger beim Filzen. Sie besteht aus zwei großen Filzstücken, die an den Schultern zusammengenäht sind und unter den Armen mit Kordeln gebunden werden. Sowohl Vorder- als auch Rückenteil bieten Platz für viele Stickereien nach eigenen Ideen. Die Form der Weste ist so einfach, daß sie leicht für jede Größe passend gearbeitet werden kann.

Material

300 g Wolle (Reingewicht).
Zwei Stücke aufbügelbare Vlieseline in den Maßen 44,5 cm x 59,5 cm.
Futterstoff, zweimal 47 cm x 62 cm.
Wollgarn.
2 m Kordel in passender Farbe zum Wollgarn.
Zubehör für das Filzen wie auf Seite 37/38 aufgezählt.
Die fertige Weste ist für eine Oberweite von 81–86 cm gearbeitet worden und ist 59,5 cm lang.

Und so wird's gemacht:

Alle Techniken, die für das Filzen dieser Weste erforderlich sind, wurden auf den Seiten 39 + 41 erklärt.
Die Wolle wird gewaschen, getrocknet und gekämmt. Dann arbeitet man zwei Filzstücke in der Größe des Futterstoffes und bügelt darauf die Vlieseline auf. Aus dem Vorderteil schneidet man eine Rundung 20 cm lang und 3 cm tief für den Halsausschnitt aus. Das zu einer 600 cm langen Luftmaschenkette gehäkelte Wollgarn heftet man in dem abgebildeten Muster auf und näht es fest. Aus zwei kürzeren Stücken, ca. 81 cm lang, stickt man das Kreuzmuster in der Mitte auf. Der Futterstoff wird an allen Seiten mit 1,5 cm Saum versehen, das Stoffstück für das Vorderteil zusätzlich in der Form des Halsausschnittes umgenäht. Beide Futterstoffe werden auf die Rückseiten der Filzteile geheftet, gebügelt und anschließend mit einem einfachen Schlingstich entlang aller Kanten aufgenäht. Dann können die Reihfäden wieder enfernt und die Weste an den Schultern zusammengenäht werden. Die Kordel wird in vier gleichlange Stücke geschnitten, an jeweils einem Ende zu einer Spirale gelegt und an den Seiten aufgenäht. Damit die Kordelenden nicht ausfransen, versieht man sie mit einem festen Knoten.

Mollige Hausschuhe

Diese Hausschuhe sind herrlich warm und bequem – ideal für kalte Wintertage. Arbeitet man nur die Sohle, erhält man brauchbare Einlegesohlen für Winter- und Gummistiefel. Weil sich kleine Filzstücke leichter arbeiten, sollte man nicht versuchen die Filzmatten so groß herzustellen, daß man alle Teile der Schablone auf einmal ausschneiden kann. Filzstücke in der Größe für eine Schablone, höchstens zwei, genügen. Jeder Schuh besteht aus zwei Seitenteilen und der Sohle und ist für Schuhgröße 38 gearbeitet.

Material

300 g Wolle (Reingewicht).
Zwei Stück aufbügelbare Vlieseline in den Maßen 25 cm x 10 cm.
Wollgarn.
Zubehör zum Filzen, wie auf Seite 37/38 aufgeführt.

Und so wird's gemacht:

Alle Techniken, die für diese Filzarbeit benötigt werden, wurden bereits auf den Seiten 39 + 41 erklärt.
Die Wolle wird gewaschen, getrocknet und gekämmt. Dann fertigt man sich die Schablonen nach Abbildung 19 in Originalgröße. Hat man genug Filzstücke für alle Schablonen gearbeitet, schneidet man sie aus. Ebenso wird die Vlieseline zweimal nach der Sohlenschablone ausgeschnitten. Wenn das Wollgarn zu Luftmaschenketten gehäkelt ist, wird es spiralenförmig auf die Seitenteile und die Sohle genäht (Siehe Foto). Dabei bleiben 3 cm entlang der unteren Kanten der Seitenteile und der Sohle frei. Jetzt bügelt man die Vlieseline auf die Innenflächen der Sohle. Das gibt ihr mehr Halt und macht den Schuh bequemer. Die mit den Innenseiten aufeinandergelegten Seitenteile der Schuhe, näht man an der Ferse und über die vordere Kante in engem Steppstich zusammen. Dabei zieht man den Faden nach jedem Stich straff an, damit sich eine wulstige Kante ergibt. Zuletzt wird die Sohle von unten gegengenäht und die Nahtzugabe wird bis auf 1,5 cm rundherum gerade abgeschnitten.

Handtasche

Ein einziges Filzstück genügt, um diese Tasche zu arbeiten. Sie wird wie eine Unterarmtasche gefaltet, kann aber mit einem Trageriemen oder einer Kordel auch als Schultertasche getragen werden.

Material

120 g weiße Wolle (Reingewicht).
Aufbügelbare Vlieseline,
52 cm x 29 cm.
Futterstoff 54,5 cm x 31,5 cm.
1 Knopf, Wollgarn, Kordel.
Zubehör zum Filzen wie auf Seite 37/38 aufgeführt.

Und so wird's gemacht:

Alle Filztechniken, die für die Tasche benötigt werden, sind auf den Seiten 39 + 41 erklärt.
Die Wolle wird gewaschen, getrocknet und gekämmt. Dann fertigt man ein Filzstück in den Maßen der Vlieseline und bügelt sie auf. Nach Abbildung 20 wird der Filz gefaltet und die Falten mit Reihfäden markiert. Mit einer gehäkelten Luftmaschenkette wird die Tasche an der vorderen Klappe, an den Seiten (auch über das Rückenteil) und an der unteren Kante verziert. Anschließend wird der Futterstoff mit einem Saum von 1,5 cm rundum umgenäht und auf die Innenseite der Tasche geheftet und gebügelt. Mit einem einfachen Schlingstich werden alle Kanten umnäht und so der Futterstoff befestigt. Dann wird die Tasche wieder gefaltet und an den Seitennähten mit Wollgarn zugenäht. In die Mitte der Taschenklappe schneidet man das Knopfloch, faßt es mit Stickgarn ein und näht den Knopf passend an. Will man die Tasche als Schultertasche tragen, näht man die mit einem Knoten an den Enden versehene Kordel an die Seitenteile und überstickt sie dort mit Wollgarn.

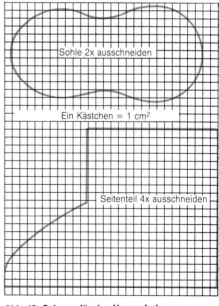

Abb. 19: Schema für den Hausschuh.

Applikationen

Die Grundidee der Applikation liegt darin, verschiedene Muster und Formen aus verschiedenen Stoffen auszuschneiden und auf einen anderen Stoffuntergrund aufzunähen. Die schier unbegrenzte Anzahl von Stoffmustern und -qualitäten bietet endlose Kombinationsmöglichkeiten, und sowohl der Anfänger als auch der Fortgeschrittene findet ein großes Betätigungsfeld. Jeder, der sich fürs Nähen interessiert, wird bereits Stoffreste und Nähwerkzeug zur Hand haben, so daß eine Applikationsarbeit nicht sehr kostspielig wird. Die Nähmaschine hat neue Dimensionen in die Applikationstechniken gebracht. Mit ihr lassen sich sowohl grobe als auch feine Stichmuster aufsticken, vor allem aber geht die Arbeit mit der Maschine schnell von der Hand. Das Applizieren mit der Hand dauert zwar länger, kann aber sehr entspannend sein. Eine Arbeit kann über Wochen hindurch fortgeführt werden, ohne daß große Vorbereitungen, wie z.B. das Aufstellen einer Nähmaschine, erforderlich sind. Alle Beispiele, die hier aufgeführt werden, können sowohl mit der Hand als auch mit der Nähmaschine ausgeführt werden.

Was man zum Applizieren braucht

Das A und O einer Applikation sind die **Stoffe,** die man dafür zur Verfügung hat. So ziemlich jeder Stoff läßt sich dafür verwenden, ebenso **Bordüren,** Spitzen, Gardinenreste, selbst gestricktes und gehäkeltes Material ist noch brauchbar. Wird die Handarbeit später nicht stark beansprucht (Wandbehang), lassen sich auch Filz und Leder gut verarbeiten. Sie müssen nicht gesäumt werden, weil sie nicht fransen. Es lohnt sich, jeden Rest für weitere Applikationsarbeiten aufzubewahren. Die Stoffauswahl richtet sich nach der Arbeit, die man anfertigen will, aber auch danach, ob mit der Hand oder der Maschine appliziert werden soll. Feine Stoffe z.B. sind mit der Nähmaschine nur schwer zu nähen, ebenso ungeeignet sind seidenartige Stoffe und synthetisches Material, das leicht rutscht.
Besonders für den Anfänger ist es daher angebracht, die ganz feinen Stoffe vorher auf Vlieseline aufzubü-

geln, um ihnen etwas Festigkeit zu geben. Gestrickte Stoffe müssen vorher an den Kanten verklebt werden, damit sie nicht ausfransen. Auf jeden Fall sollten die Flicken zu dem Unterstoff passen. Zu grobe Applikationsstücke auf feinem Grundstoff verziehen die gesamte Arbeit.
Scheren. Eine scharfe Schneiderschere zum Ausschneiden der Konturen, eine kleine spitze Schere zum Herausdrücken der Ecken und Abschneiden der Fäden.
Ein Paket **Nadeln** verschiedener Größe sollte genügen. Die kleinen Nadeln braucht man zum Aufnähen der Stoffteile, größere verwendet man zum Aufsticken von Zierstichen.
Mit **Stecknadeln** fixiert man die Stoffstücke, bevor man sie aufnäht.
Ein **Fingerhut** schützt vor einem zerstochenen Mittelfinger.
Hilfreich ist auch ein **Stickrahmen,** obwohl fast jede Arbeit auch lose in der Hand gearbeitet werden kann. Eine ideale Größe für den Stickrahmen ist 20 cm.
Nun zum **Nähgarn.** Baumwollgarn ist am leichtesten in allen Farben erhältlich und läßt sich gut verarbeiten. Ebenso brauchbar sind synthetische Garne oder ein Baumwoll/Synthetik-Gemisch. Die sichtbaren Stiche, die eng um die Applikation geführt werden, näht man normalerweise in einem Farbton, der zu den Stoffteilen paßt und die Umrisse hervorhebt. Doch sind hier der Fantasie keine Grenzen gesetzt, und man kann mit allen Farben experimentieren. Wenn es schwierig ist, einen genau passenden Farbton zu finden, und ein Kontrast nicht erwünscht ist, kann man unsichtbares Garn verwenden – ein farbloses Synthetikgarn, das in Fachgeschäften zu haben ist. Stickgarne und feine Wolle werden für zusätzliche Zierstiche benutzt.

Auf **Pauspapier** zeichnet man das Motiv auf.
Etwas festeres **Schreibpapier** braucht man manchmal als Verstärkung feiner Stoffe beim Nähen mit der Maschine.
Mit einem spitzen, harten **Bleistift** umreißt man die Konturen.

Die Grundtechnik

Das Motiv

Das Motiv muß klar und einfach sein und auf die wichtigsten Linien beschränkt bleiben. Wird das Motiv von einem Foto oder aus einer Abbildung gewählt, kann man sich helfen: Man legt Pauspapier oder Butterbrotpapier auf das Foto. Es scheinen dann nur noch die groben Umrisse durch, die man durchpaust.

So wird das Motiv übertragen:

Jedes Bild oder Muster wird zweimal auf Pauspapier gezeichnet. Auf alle Teile der ersten Zeichnung markiert man mit einem geraden Strich den Fadenlauf des Stoffes. Alle Teile der ersten Zeichnung werden nun ausgeschnitten und dienen als Schablone für das Zuschneiden des Stoffes. Auch bei der zweiten Zeichnung werden alle Teile ausgeschnitten. Hier werden jedoch nicht die ausgeschnittenen Teile benötigt, sondern das Papier, wovon man sie ausgeschnitten hat. Es darf daher nicht beschädigt werden (Abb. 1).
Hat man mit Hilfe der kleinen Schablonen den Stoff zugeschnitten (in unserem Fall ein Blattmuster) und will man sie nun auf den Grundstoff applizieren, braucht man nur die Schablone von Zeichnung zwei auf den Stoff zu legen und alle Stoffstücke in die Lücken einzupassen und festzustecken (Abb. 2). Das Motiv wird später dann genauso aussehen wie auf der Zeichnung, und gleiche Motive lassen sich ohne Schwierigkeiten mehrmals auf die Arbeit nähen, ohne daß sie voneinander abweichen.
Hat man mal ein Muster, das beim Herausschneiden der Mittelstücke zerstört wurde, genügt es, die unzerschnittene zweite Zeichnung auf den Stoff zu legen und die einzelnen Teile darunter passend anzuordnen. Sie scheinen gut durch das Pauspapier durch.
Es gibt noch eine dritte Möglichkeit, das Motiv auf den Stoff zu übertragen: Alle Konturen des Bildes werden mit einer Nadel durchstochen (Das geht am schnellsten mit einer Nähmaschine ohne Faden, mit der man an allen Kanten entlangnäht). Das so perforierte Bild wird auf den Unterstoff gesteckt und mit Kreidepulver bestreut, das man mit einem weichen Tuch durch die Löcher reibt. Anhand dieser Kreidekonturen werden die Stoffteile aufgesteckt und festgeheftet. Die Kreide läßt sich anschließend leicht abschütteln.

Die Applikation mit der Hand

Zuerst schneidet man alle Teile eines Motivs aus und achtet dabei auf den richtigen Fadenlauf, der dem des Unterstoffes entsprechen sollte. Bei gemusterten Stoffen wird der Fadenlauf jedoch meistens durch das Muster bestimmt. Man berücksichtigt beim Zuschneiden eine Nahtzugabe von 5 mm. Lediglich an den Kanten, die später von

Abb. 1: Das Motiv wird aus der 2. Zeichnung herausgeschnitten.

Abb. 2: So wird die ausgeschnittene 2. Zeichnung auf den Unterstoff gelegt.

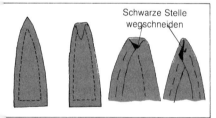

Abb. 3: Die einzelnen Stadien, wie eine spitze Ecke umgenäht wird.

anderen Applikationsstücken überdeckt sein werden, kann die Nahtzugabe abgeschnitten werden. Materialien wie Filz oder Leder werden gleich in der richtigen Größe ausgeschnitten.

So werden die Stoffteile vorbereitet:

Zuerst einmal müssen alle Teile gebügelt werden. Sie lassen sich dann leichter verarbeiten. Die Nahtzugaben kann man dabei gleich nach hinten bügeln. Für das Aufbringen der Stoffe auf den Untergrund gibt es zwei Methoden: Entweder werden die Teile auf den Unterstoff gesteckt und der Saum beim Nähen Stück für Stück nach innen umgeschlagen und festgenäht, oder man reiht den Saum vor dem Aufstecken nach hinten. Das kostet zwar etwas mehr Zeit, lohnt sich aber bei komplizierten Formen, die genau passen sollen. Man macht dabei keine Knoten in den Reihfaden, damit man ihn später leicht wieder entfernen kann. Bei empfindlichen Stoffen nimmt man einen Reihfaden gleicher Farbe. Dunkle Fäden färben manchmal. Erst dann wird das Stück aufgesteckt und festgenäht. Egal für welche Methode man sich beim Vorbereiten der Stoffteile entschieden hat, in jedem Fall müssen alle Nahtzugaben an Rundungen und Bögen eingeschnitten werden, damit sich der Stoff später nicht wölbt. In den Ecken werden zuerst die Seitensäume umgeschlagen und alle überlappenden Stücke weggeschnitten. Rundungen und scharfe Ecken werden mit engen Reihstichen festgenäht (Abb. 3 und 4).

Und jetzt das Applizieren

Es gibt unzählige Stichvarianten, die sich eignen, den Stoff auf den Untergrund aufzunähen. Von unsichtbaren oder verdeckten Nähten bis hin zu kunstvollen Zierstichen, die teilweise nach dem Festnähen über die Kanten gestickt werden. Die Auswahl des Stiches richtet sich nach dem Motiv und danach, wie stark die spätere Arbeit beansprucht werden soll. Die Applikation an einer Schürze muß z.B. haltbar und mit wenig Zierstichen versehen sein, dagegen kann man an einem Bild seine ganze Fantasie spielen lassen und kunstvolle Zierstiche verwenden, auch wenn sie nicht sehr haltbar sind.

Der Saumstich

Der Saumstich ist neben dem Vorstich die einfachste Stichart, eine Applikation zu befestigen. Er wird in gleichmäßigen Abständen genäht. Der Abstand der Stiche zueinander hängt von der Stoffform und dem erwünschten Aussehen ab. Auf feinem Material und engen Bögen, setzt man ihn dicht nebeneinander (Abb. 5).

Der Vorstich

Auch dieser Stich ist sehr einfach. Er wird in gleichmäßigem Abstand vom Rand in gleichgroßen Stichen gearbeitet. Es lohnt sich mit unterschiedlichen Fadenstärken und -farben zu experimentieren (Abb. 6).

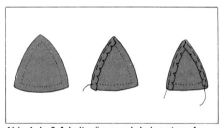

Abb. 4: In 3 Arbeitsgängen wird eine stumpfe Ecke umgenäht.

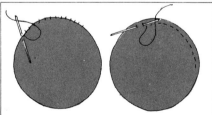

Abb. 5: Der Überwendstich und Abb. 6: Der Vorstich.

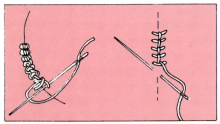

Abb. 7: Doppelter Knötchenstich und Abb. 8: Zweigstich.

Abb. 9: Stich im Hahnentrittmuster und Abb. 10: Spinnenstich.

Der doppelte Schlingstich

Der doppelte Schlingstich gehört bereits zu den Zierstichen. Mit ihm kann man eine Borte um die Applikation sticken, die die Konturen betont. Man führt die Nadel dazu auf der rechten Stoffseite dicht am Rand links neben der Applikation heraus, bildet mit dem Garn eine Schlinge, die man mit dem Daumen der linken Hand hält. Nun sticht man mit der Nadel zuerst durch die Schlinge und dann in den Ausgangspunkt ein und kommt wenige Gewebefäden weiter rechts auf der Applikation wieder heraus. Jetzt wird der entstandene Knoten festgezogen und wenige Gewebefäden weiter unten wiederholt (Abb. 7).

Der Zweigstich

Für den Zweigstich zeichnet man sich am besten eine feine Hilfslinie mit Bleistift oder Schneiderkreide. Man bringt die Nadel links neben dieser Hilfslinie nach oben und sticht rechts neben der Linie auf gleicher Höhe wieder ein. Der Faden darf nicht angezogen werden. Genau auf dem Hilfsstrich, ein paar Gewebefäden tiefer, wird die Nadel wieder herausgestochen und unter dem lockeren oberen Stich hindurchgezogen. Man zieht den oberen Faden jetzt etwas nach unten und sticht auf der gezeichneten Mittellinie ein paar Gewebefäden tiefer als vorher wieder ein (Abb. 8).

Stich im Hahnentrittmuster

Dieser Stich, der sowohl auf geraden Linien als auch in Kurven gestickt werden kann, besteht aus drei gleichgroßen Stichen, die von einem Mittelpunkt in drei Richtungen ausstrahlen. Man sticht von unten nach oben durch den Stoff, führt einen geraden Stich nach oben aus und führt die Nadel durch den gleichen Einstichpunkt zur Mitte zurück, nach oben. Jetzt erfolgt der Stich nach rechts. Wieder wird die Nadel im Mittelpunkt herausgeführt und nun nach links in der gleichen Stichlänge eingestochen. Ein Stück weiter unten wird der Stich wiederholt (Abb. 9).

Der Spinnenstich

Der fertige Stich bildet einen Kreis. Man sticht von der Mitte des gedachten Kreises aus acht Stiche sternenförmig zum Mittelpunkt und kommt nach dem letzten Stich wieder in der Mitte heraus. Jetzt führt man die Nadel unter zwei Stickfäden hindurch, geht einen Faden wieder zurück und führt die Nadel wieder unter zwei Stickfäden hindurch. Solange bis man alle Stiche erfaßt hat und den Faden durch den Mittelpunkt nach unten führen kann, um ihn zu vernähen (Abb. 10).

Das Bügeln

Gebügelt wird das Gestickte auf einer dicken Decke mit der Oberseite nach unten. So wird die Stickerei nicht flachgebügelt und bleibt erhaben.

Die Applikation mit der Nähmaschine

Beim Applizieren mit der Maschine werden alle Teile in der richtigen Größe ohne Nahtzugaben zugeschnitten, wobei man wieder auf den richtigen Fadenlauf achtet. Wie vorher beschrieben, wird das Motiv auf den Unterstoff aufgezeichnet.

Das Einfassen mit Zick-Zack-Stichen

Die einzelnen Teile werden aufgelegt und im rechten Winkel festgesteckt, die

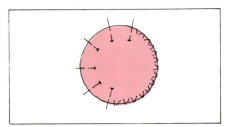

Abb. 11: So werden die Teile aufgesteckt und im Zick-Zack aufgenäht.

Stecknadeln sind etwa 2 cm auseinander (Abb. 11). Ist das Material rutschig oder verzieht es sich leicht, legt man unter den Unterstoff ein Stück Papier, etwas größer als die zu applizierende Form. Nun wird mit dem Zick-Zack-Stich, Größe 3 oder 4 entlang der Kanten genäht. Die Stiche dürfen dabei nicht zu weit auseinanderliegen, damit sich nicht einzelne Fäden der Kante herausziehen lassen. Man benutzt für diese Naht feines Nähmaschinengarn in entweder der genau gleichen Farbe oder aber für den Oberfaden durchsichtiges Synthetikgarn und für den Unterfaden eine Farbe, die in etwa paßt. Wird mit dem „unsichtbaren" Faden genäht, muß die Arbeit später von der Rückseite mit einem Tuch gebügelt werden, da das Synthetikgarn bei zu großer Hitzeeinwirkung schmilzt.

Der enge Zick-Zack-Stich

Der dicht an dicht genähte Zick-Zack-Stich kann nicht direkt auf die Applikation genäht werden, der Stoff würde sich verziehen und Falten werfen. Die Näharbeit wird daher besonders vorbereitet: Stücke, die nur einmal gebraucht werden, schneidet man grob aus dem Stoff, der appliziert werden soll aus, und läßt rundherum einige Zentimeter als Rand. Mit einer Papierschablone und einem harten, spitzen Bleistift, überträgt man die genauen Umrisse auf das grob zugeschnittene Stoffstück. Es wird nun auf die rechte Seite des Unterstoffes gelegt. Dann schneidet man ein Stück Papier zu, das an allen

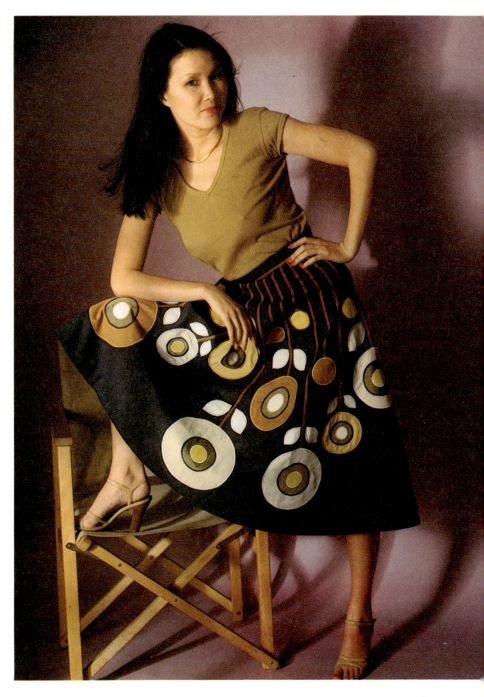

Dieser farbenfrohe Rock wurde mit bunten Bändern, Kreisen und Blättern appliziert.

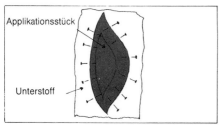

Abb. 12: Stoffteil, Unterstoff und Papier (unter den Unterstoff) werden aufeinandergesteckt.

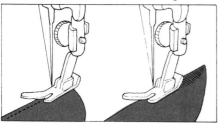

Abb. 13: In geraden Stichen zurück zum Anfang. Abb. 14: Enger Zick-Zack.

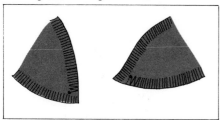

Abb. 15: Man beendet die Naht mit der Nadel links. Abb. 16: Der Stoff wird um 90° gedreht.

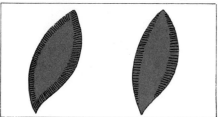

Abb. 17 und Abb. 18: Zwei Möglichkeiten, die Kanten im Zick-Zack anzunähen.

Seiten ca. 4 cm größer ist und schiebt es unter den Unterstoff, an die Stelle, wo die Applikation sitzen soll. Nun werden alle drei Teile zusammengesteckt (Abb. 12).

Mit einem kleinen Nähmaschinenstich wird entlang der Bleistiftstriche der Stoff von rechts aufgesteppt. Die Stiche dürfen aber nicht zu klein sein, damit das Papier auf der Rückseite nicht durchtrennt wird. Zerreißt es dennoch, muß man noch einmal von vorne anfangen. Danach wird das Papier entfernt, die überstehenden Stoffenden knapp entlang der Naht weggeschnitten. Unter den Grundstoff legt man wieder ein Stück Papier und steckt es fest. Beim anschließenden Einfassen gibt das der Arbeit mehr Halt.

Teile, die mehrere Male verwendet werden sollen, zeichnet man in der entsprechenden Anzahl auf verschiedene Papierstücke mit einem Rand von mindestens 4 cm rundherum. Alle Linien werden auf die Rückseite der Papierstücke durchgepaust. Scheinen die Linien nicht genug durch, hält man das Blatt Papier gegen eine Fensterscheibe, dann geht's. Alle Papierrückseiten werden mit einem Kreuz markiert, damit es keine Verwechslungen gibt. Dann werden die Stücke auf die Rückseite des Unterstoffes mit ihrer linken Seite nach oben gelegt und unter den Grundstoff der zu applizierende Stoff geschoben. Alle drei Teile werden mit Stecknadeln zusammengesteckt. Entlang der Markierungen auf dem Papier steppt man die Teile nun von der Rückseite auf den Unterstoff auf.

Liegen Stoffe verschiedener Farben so dicht nebeneinander, daß man die Ränder der anderen Farbe mit einnähen würde, werden sie zwischendurch weggeschnitten. Sind die Stücke alle aufgenäht, dreht man die Arbeit um und schneidet allen überflüssigen Stoff knapp neben der Naht ab. Jetzt wird auf der rechten Seite weitergearbeitet.

Wieder legt man Papier unter die Applikation und steckt es fest.

Soweit vorbereitet, können alle Teile im Zick-Zack-Stich eingefaßt werden.

Als Garn verwendet man spezielles Maschinenstickgarn aus Baumwolle. Es ist besonders weich, dabei fein und leicht glänzend. Die Dichte des Zick-Zack-Stiches und die Fadenspannung kann man auf einem kleinen Musterstück, das mit Papier unterlegt ist, ausprobieren. Die Arbeit muß sich leicht durch die Maschine führen lassen, ohne daß Stoffteile unter der fertigen Naht hervorgucken.

Am saubersten werden die Stiche, wenn man sehr schnell näht. Die Arbeit hält man dabei mit den Fingern flach. Etwa einen halben Zentimeter vor dem Anfangspunkt beginnt man und näht in geraden Rückwärtsstichen zum Anfang (Abb. 13). Dann dreht man die Nadel nach oben, stellt auf Zick-Zack ein und näht los. Der Rückwärtsstich wird somit überdeckt und das Fadenende gleichzeitig sauber vernäht (Abb. 14). Eine Naht wird beendet, indem man mit dem Stich aufhört, wenn die Nadel auf der linken Seite steht (Abb. 15). Sie bleibt im Stoff, der Maschinenfuß wird hochgehoben, die Arbeit um 90 Grad gedreht. (Abb. 16). Jetzt setzt man den Fuß wieder herunter, stellt auf geraden Steppstich um und näht die paar Millimeter gerade zur Kante.

Die Ecken

Es gibt zwei Möglichkeiten, die Ecken zu umnähen. Abbildung 17 zeigt das Umnähen aller Seiten in gleicher Breite. Man kann aber auch die Stichbreite zu den Ecken hin verjüngen, bis sie fast nicht zu sehen sind (Abb. 18). Das geht aber nur, wenn der Stoff, wie in unserem Fall, vorher aufgesteppt wurde. Die Arbeit wird dabei nur mit der linken Hand geführt, weil die rechte Hand während des Nähens die Stichbreiten verändert. Das erfordert natürlich schon etwas Übung, aber die Kante sieht sehr viel gekonnter und interessanter aus, so daß es sich lohnt, es zu probieren. Als letzte Methode, Applikationen mit der Maschine aufzunähen, bleibt nur noch der einfache Steppstich. Dafür müssen aber alle Teile wie beim Applizieren mit der Hand vorbereitet sein. Man steppt knapp entlang der Kanten. Es wird nicht nötig sein, die Arbeit mit Papier zu verstärken, solange es sich nicht um besonders dünnen Stoff handelt.

Das Aufeinandernähen mehrerer Teile

Es gibt beim Applizieren Muster, die eins aufs andere genäht werden sollen. Wollte man alle Teile auf einmal aufsteppen, würde die Maschinennadel wahrscheinlich gar nicht alle Teile erfassen können. Daher arbeitet man sich vom kleinsten Motiv zum größten heran: Zuerst wird das kleinste Motiv auf das nächstgrößere gesteppt, diese zwei dann wieder auf das größere, bis alle Teile zusammenhängen. Auf diese Art näht die Maschine nie mehr als zwei Stoffstärken zusammen, und die Stücke lassen sich leicht handhaben.

Das Bügeln

Gebügelt werden die Teile wie bei der Applikation mit der Hand.

Bettwäsche mit Applikationen

Diese Applikation gibt einem gekauften Bettlaken einen besonderen Reiz und die persönliche Note. Am besten appliziert man auf Bettwäsche mit der Maschine. So übersteht das Bettzeug viele Wäschen und kein Teil wird ausfransen.

Material

Als Stoff verwendet man mittelschweren Baumwollstoff oder Baumwollmischgewebe:
30 cm in den Farben A (Weiß) und B (Blau).
30 cm feingewebten, einfarbigen Stoff. Leichtes Handstickgarn (Perlgarn oder Knopflochgarn) in der Farbe B.
Baumwollnähgarn für die Nähmaschine in den Farben A und B und einer Kontrastfarbe (Türkis).
Ein Überschlaglaken und Kopfkissenbezug.

Und so wird's gemacht:

Alle Techniken, die für diese Applikation nötig sind, wurden bereits auf den Seiten 46 – 51 erklärt.

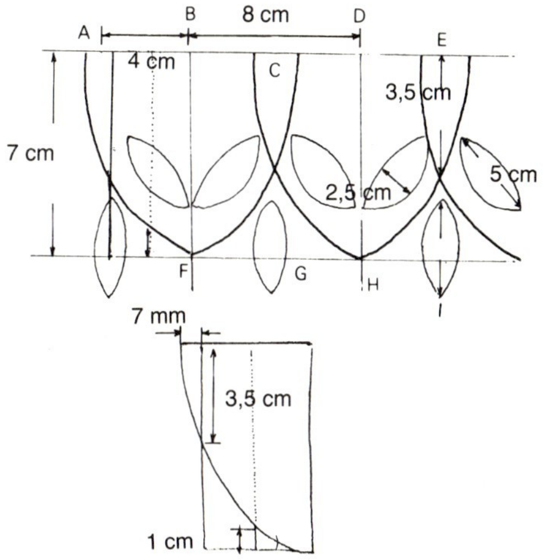

Abb. 19: Schema für den Bettbezug.

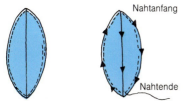

Abb. 20 und 21: So werden die Blattformen aufgesteppt.

Das Muster von Abbildung 19 wird in den angegebenen Maßen auf nicht zu dünne Papierstreifen übertragen, die ca. 10 cm breit sind und aneinandergeklebt werden, bis sie die erforderliche Länge haben. Das Muster für das Kissen wird fünfmal wiederholt, für ein Überschlaglaken 17mal und für ein Doppelbettlaken ca. 34mal. Bestickt werden nur die vorderen Umschlagseiten, und nicht etwa die Seitenteile, denn die sind, wenn das Bett gemacht ist, nicht mehr zu sehen. Das Papier wird von der linken Seite auf das Laken dicht über dem Saum aufgesteckt. Die Stecknadeln werden im rechten Winkel zur Arbeit gesteckt, nicht mehr als 5 cm auseinander. Sie befinden sich außerhalb der Linie B von Abbildung 20. Das Handnähgarn wickelt man mit der Hand auf die Unterfaden-

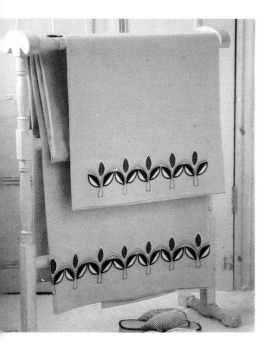

So attraktiv kann ein mit der Maschine applizierter Bettbezug aussehen.

spule der Nähmaschine und fädelt es ein. Als Oberfaden genügt normales Nähgarn in passender Farbe. Auf einem Stoffrest probiert man die Fadenspannung aus. Entlang der markierten geschwungenen Linien aus der Papierschablone wird der Stoff nun abgesteppt. Dabei läßt man die Nadel beim Wenden im Stoff stecken. Das Ende des Stickfadens wird auf die linke Seite gezogen und fest verknotet.
Jetzt muß der Sitz der Blütenblätter vom Papier auf die rechte Stoffseite übertragen werden. Dazu sticht man mit einer Stecknadel entlang der Papierlinien durch den Stoff und markiert die Ausstichstellen mit einem Bleistiftpunkt. Von den Stoffen der Farben A und B werden Streifen in 2,5 cm Breite und lang genug für die gesamte Blattborte zugeschnitten. (0,5 cm Zwischenraum zwischen den Blättern muß mitberechnet werden). Mit Hilfe einer Schablone werden auf den Stoffstreifen die Blattformen markiert, mindestens 0,5 cm auseinander und einzeln abgeschnitten. Sie werden in richtiger Lage auf den Stoff gesteckt und mit der Maschine von rechts aufgesteppt. Dabei beginnt man an den Seiten entlangzunähen und nicht an den Spitzen der Blätter, damit sich die Stiche überschneiden und fester halten (Abb. 20). Als Garn wählt man eine passende Farbe. Nachdem man den überschüssigen Stoff an den Blättern abgeschnitten hat, näht man im engen Zick-Zack-Stich mit gleicher Stichbreite über alle Kanten.
Jetzt werden die restlichen Blattformen mit entsprechenden Stoffzugaben ausgeschnitten und an die richtigen Stellen gesteckt. Mit der Maschine näht man nun zuerst einmal über die Mitte und dann entlang aller Kanten (Abb. 21). Der restliche Stoff wird abgeschnitten und die Blättchen in der Farbe A im engen Zick-Zack-Stich eingefaßt. Alle Fadenenden werden auf der Rückseite verknotet und etwa überstehende Stoffetzen abgeschnitten.

Kaminrock

Der Kaminrock sollte einfarbig sein und einfach geschnitten, damit das grobe, mit der Maschine applizierte Muster auch richtig zur Geltung kommt. Wenn man keinen passenden Rock kaufen möchte, kann man sich nach den unten angegebenen Maßen auch selbst einen nähen. Das vordere Muster auf diesem Rock wird hinten genau wiederholt.

Material

Ein einfaches Schnittmuster für einen Vier-Bahnen-Rock.
Einfarbigen, dicht gewebten Stoff (z.B. Leinen, Baumwolle, Polyester/Baumwollgemisch).
Je 30 cm Stoff in den Farben A (Weiß), B (Dunkelbeige), C (Hellbeige), D (Gelb) E (Goldfarben) F (Grün), G (Rostfarben).
12 m nicht zu breites Nylonband in der Farbe H (Braun).
Maschinenstickgarn oder feine Nähseide in kräftigen Tönen der Farben A, C, E, H und I (Blau).
Reißverschluß 20 cm lang.
Gurtband.
Haken und Ösen.
Zubehör zum Applizieren, wie auf Seite 45/46 aufgezählt.
Der fertige Rock mißt 71 cm in der Taille und ist 76 cm lang. Soll der Rock kürzer oder länger werden, werden für das Nylonband pro 4 cm Stoffabweichung, 1,5 m Band ab- oder dazugerechnet. Unter Umständen müssen auch die zu applizierenden Stoffkreise proportional verändert werden.

Und so wird's gemacht:

Die Techniken, die für diese Applikation erforderlich sind, wurden bereits auf den Seiten 46 – 51 erklärt.
Zuerst werden Rock und Gurtband zugeschnitten. Die vier Rockbahnen werden aneinandergenäht, wobei eine ganze Naht (da sitzt später der Reißverschluß), offengelassen wird. Alle Stoffbahnen werden nun halbiert und geviertelt und diese Punkte mit Schneiderkreide oder Reihstichen markiert. An beiden äußeren Stoffbahnen muß vor dem Teilen außen die Nahtzugabe für das spätere Zusammennähen abge-

rechnet werden. Man schneidet das Nylonband in den erforderlichen Längen zu (Abb. 22) und legt es entsprechend seiner Länge wie auf der Abbildung auf die aufgezeichneten, bzw. genähten Markierungen auf dem Rock. Sie werden festgesteckt, wobei man mit Stecknadeln nicht sparen sollte. Da die einzelnen Stoffbahnen des Rockes schräg zum Fadenlauf zugeschnitten wurden, muß man aufpassen, daß sich der Stoff beim Aufstecken der Nylonbänder nicht verwirft oder verspannt.

Die Bänder werden jetzt aufgesteppt. Man beginnt dabei am Rockbund und näht entlang einer Seite bis zum Ende. Die zweite Naht beginnt man wieder von oben und näht entlang der anderen Kante bis zum Bandende. Für die Kreis- und Blattformen fertigt man sich Schablonen und schneidet danach den Stoff in den gewünschten Farben zu, dabei rechnet man 2 cm Nahtzugabe um alle Teile mit ein. Dann zeichnet man mit spitzem Bleistift die Grundformen auf die Applikationsteilchen auf. Man benötigt jetzt noch Papierformen, die ebenfalls nach den Schablonen geschnitten werden können, allerdings mit einem Rand von mindestens 4 cm Nahtzugabe.

Jetzt legt man die kleinen Kreise auf die mittleren Kreise und unterlegt beide mit einer Papierschablone. Mit kleinen Steppstichen werden sie zusammengenäht. Der überschüssige Stoff wird knapp neben der Naht abgeschnitten und die Kanten neu mit Papier unterlegt. Im Zick-Zack-Stich werden die Ränder sauber eingefaßt und von der Rückseite gedämpft. Die mittleren Kreise werden in der gleichen Art auf die großen Kreise genäht und ebenfalls gedämpft.

Diese zusammengesetzten Stoffteile werden nun auf den Rock genäht, und zwar so, daß sie knapp die Bänder überlappen und der Fadenlauf mit dem der Bänder übereinstimmt. Mit dem breitesten Zick-Zack-Stich werden sie eingefaßt. Dann werden die kleinen Zirkel ausgeschnitten und aufgenäht, zuletzt die Blattformen. Der Rock kann jetzt geschlossen werden, wobei man eine Öffnung für den Reißverschluß läßt.

Die beiden unversäuberten Kanten, wo der Reißverschluß eingesetzt wird, werden ebenfalls mit den Bändern eingefaßt. Dazu werden zwei passende Stücke zur Hälfte gebügelt. Mit der eingebügelten Mittellinie als Markierung, steppt man sie knappkantig von rechts auf die Rockkante, schlägt sie nach hinten um und näht sie von hinten mit Saumstichen fest. Ebenso wird die zweite Seite fertiggestellt. Die oberen und unteren Kanten der Bänder werden nach innen umgeschlagen und eingenäht. Jetzt wird der Reißverschluß mit einem Faden der Farbe B mit der Hand eingenäht. Das Gurtband wird am Ende der oberen Stoffkante aufgenäht und knapp darunter noch einmal ein Nylonband rundherum. Jetzt muß der Rock nur noch umgenäht werden und ist für die nächste Grillparty einsatzbereit.

Der Topfhandschuh

Dieses farbenfrohe Muster auf dem Topfhandschuh ist aus nur drei Formen

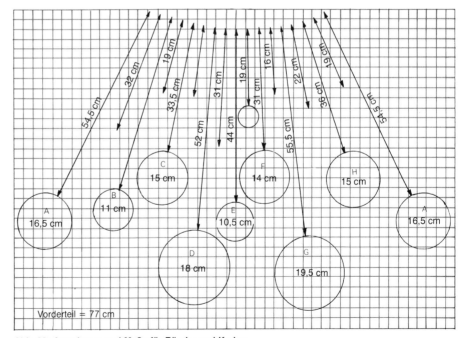

Abb. 22: Anordnung und Maße für Bänder und Kreise.

Hier zählt jedes Kind gern mit! Alle Feinheiten der Motive wurden mit verschiedenen Stickstichen hervorgehoben.

gefertigt und mit Zierstichen in Kontrastfarben umstickt worden.

Material

Man benötigt Baumwollstoff:
110 cm x 18 cm in den Farben A (Rot) und B (Hellrot).

Reste in C (Blau), D (Orange) und E (Weiß).
Wattierung bzw. ein Stück alte Wolldecke 108 cm x 16 cm.
Stickgarn in den Farben C, D, E (Gelb)
Nähgarn in den Farben A und C.
Zubehör für das Applizieren, wie auf Seite 45/46 aufgezählt.
Der fertige Handschuh ist 80 cm x 16 cm groß, das Motiv mißt 13,5 cm im Quadrat.

Und so wird's gemacht:

Alle Techniken, die für diese Applikation erforderlich sind, wurden bereits auf den Seiten 46 – 51 erklärt.

Das Muster von Abbildung 23 wird in Originalgröße aufgezeichnet und davon die drei Schablonen gefertigt. Der kleine Kreis in der Mitte wird in der Farbe E, das mittelgroße Stück in Blütenform in der Farbe B zugeschnitten, jeweils mit einer Nahtzugabe von 0,5 cm ringsum. Das größte Stück wird ohne Nahtzugabe in der Farbe C zugeschnitten. Zuerst werden die beiden Applikationsformen gefertigt: Auf die mittelgroße Form appliziert man ein Stück Kordel in der Farbe C. Dann werden alle Nahtzugaben des kleinen Kreises eingeschnitten und nach hinten umgelegt. Mit der Hand im Vorstich oder mit der Nähmaschine wird es auf das große Stoffstück in der Farbe B aufgenäht. In regelmäßigen Abständen werden jetzt die Nahtzugabe des mittleren Stücks eingeschnitten, umgeschlagen und nach hinten festgeheftet. Mit weiten Überwendstichen in passendem Garn wird die Form auf die anderen beiden Stücke aufgesetzt. Alle drei Formen werden auf den Grundstoff genäht und die Kante des großen Kreises mit doppeltem Schlingstich in der Farbe E verziert. Ein zweites Applikationsstück fertigt man auf die gleiche Weise für die zweite Hand.

Jetzt wird der doppelte Handschuh genäht: Man legt auf die linke Seite des Unterstoffes in die Mitte die Wattierung. Die beiden kurzen Enden des Unterstoffes stehen nun ein wenig über und werden nach innen umgeschlagen und auf die Wattierung gesteckt und durch alle Lagen hindurch festgeheftet. Dann werden Stoff und Wattierung an beiden Seiten 15 cm rechts auf rechts umgeschlagen und oben und unten mit einem knappen Saum zugenäht, so daß zwei Taschen entstehen. (Abb. 24). Das überstehende Material von der Füllung wird abgeschnitten. Ebenso näht man das Futter zusammen, wobei die Wattierung weggelassen wird und die beiden Enden daher nur um 14,5 cm umgeschlagen werden. Stoff und Futter werden dann mit ihren rechten Seiten aufeinander gelegt und zwischen den Linien A und B zusammengesteppt (Abb. 25). Jetzt wendet man den Stoff nach rechts und näht das Futter an den Innenseiten der Taschen fest. Oberstoff und Futter werden an den beiden offenen Seiten mit Knopflochstich zusammengenäht.

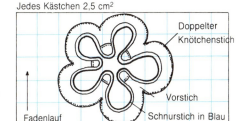

Abb. 23: Schema für den Topfhandschuh.

Zählbild für Kinder

Für diese farbenfrohe Arbeit sind eine Menge Applikationen mit der Hand erforderlich. Daher bietet sich Filz als Applikationsstoff an, weil er nicht ausfranst und nicht gesäumt werden muß.

Material

100 cm x 147 cm mittelschwerer heller Kleiderstoff oder leichter Bezugsstoff.
Reiner Baumwollstoff in 10 verschiedenen Farben.
Filz in 9 verschiedenen Farben, jeweils 25 cm² groß.
Stickgarn in fünf verschiedenen Farben.
Nähgarn in den Stoff- und Filzfarben.
Fäden zum Verzieren in vier Farben (feines Stickgarn oder dünne Wolle, vier Fäden stark).

Damit macht das Kochen Spaß! Mit dem Schnurstich und dem doppelten Knötchenstich wurde die Applikation aufgestickt.

Nähgarn in den Farben des Fadens, der zum Verzieren genommen wird.
Zwei Rundhölzer, je 132 cm lang, zum Aufhängen des Bildes.
Zubehör zum Applizieren, wie auf Seite 45/46 beschrieben.
Das fertige Bild mißt 90 cm x 132 cm.

Abb. 24: So werden die Taschen umgeschlagen und aufgenäht.

Abb. 25: So wird der Futterstoff angenäht.

Und so wird's gemacht:

Alle Techniken, die für diese Arbeit benötigt werden, sind auf den Seiten 46 – 51 beschrieben. Lediglich die Anleitung für den Schnurstich steht auf Seite 91. Die Grundform eines jeden Rechtecks von Abbildung 26 wird auf Papier gezeichnet. Alle Rechtecke werden herausgeschnitten, es bleibt eine Randschablone stehen. Abbildung 27 zeigt alle verschiedenen Formen, die auf Papier vergrößert und ausgeschnitten werden müssen. Bei Teilen, die sich überlappen sollen, werden die unten liegenden Teile etwas größer bemessen. Auf jede Papierform notiert man sich die Farbe, in der das Teil später erscheinen soll und sortiert alle Teile nach Farben. Man legt sie auf die Filzquadrate auf und schneidet sie aus. Dadurch, daß man alle Teile auf einmal auslegt, kann man platzsparender arbeiten. Jetzt kann auf die Stoff-Vierecke aufappliziert werden.

1. Blume

Bei der Blume werden zuerst die kleinen Blütenblätter auf die großen Blütenblätter aufgenäht (Überwendstich), dann der Stil und die beiden Blätter auf das Viereck (Zierstich im Hahnentrittmuster). Der Blumenmittelpunkt wird im Schnurstich aufgesetzt, zuletzt die Blütenblätter im Zweigstich aufgestickt.

2. Äpfel

Die „Bäckchen" der Äpfel werden zuerst auf die Apfelform genäht (Zweigstich). Dann näht man Apfel und Stil auf die Unterlage.

3. Schiffe

Hier beginnt man mit dem Schiffsrumpf. Seine untere Seite wird im Schnurstich aufgebracht, alle anderen Kanten und der Mast im Überwendstich angenäht. Zuletzt folgen die Segel ebenfalls im Schnurstich.

4. Apfelsinen

Die „Bäckchen" der Apfelsinen werden im Zweigstich aufgenäht und das Ganze im Überwendstich auf den Untergrund genäht.

5. Fische

Zuerst werden im Spinnenstich die Augen auf den Körper gestickt, dann der Fisch im Schnurstich auf den Unterstoff genäht, wobei die Flossen unter den Körperteil geschoben und mit Vorstichen aufgenäht werden. Zuletzt erhalten die Flossen in geraden Steppstichen ihre „Gräten".

6. Katzen

Die Augen der Katze werden in Mandelform im Vorstich auf das Gesicht, der Schwanz im Zweigstich auf den Untergrund gestickt. Dann wird der Körper im Schnurstich aufgenäht, wobei der Schwanz ein wenig überlappt. Dann folgt das Lätzchen der Katze (Überwendstich) und der Kopf. Nun fehlen nur noch die Schnurrhaare, das Maul und die Kralle. Sie werden im Stilstich gestickt.

7. Lastwagen

Der Wagenkörper wird auf den Untergrund im Schnurstich aufgenäht, die Fenster werden aufgestickt und das Dach im Zweigstich angedeutet. Die Räder werden aufgenäht und zuletzt im Steppstich die Entlüftungsschlitze aufgestickt.

8. Enten

Im Spinnenstich werden die Augen der Enten auf den Kopf gestickt, die Körper anschließend im Überwendstich auf den Untergrund genäht. Dann kommen Schwanz und Kopf, dann die Füße und der Schnabel (Überwendstich). Zuletzt werden die Flügel im Zweigstich aufgebracht und der Schwanz angesteppt.

9. Blattform

Alle drei Blattformen werden im Zweigstich aufeinander gestickt und die größte Form im Überwendstich auf den Unterstoff genäht.

10. Quadratmuster

Das zweitgrößte Quadrat wird auf das

nächstgrößere im Spinnenstich aufgestickt, dann das Mittelstück daruntergenäht. Die drei Formen werden auf das letzte Quadrat genäht und alles zusammen auf dem Untergrund mit Überwendstich befestigt.

So wird die Arbeit fertiggestellt:

Alle Rechtecke werden gesäumt und mit Überwendstichen auf den Grundstoff genäht. Auch der Grundstoff wird gesäumt. Dabei betragen die beiden Säume oben und unten 2,5 cm. Durch sie werden später die Rundhölzer geschoben. Als nächstes fertigt man zwei Schlaufen aus Stickgarn. Sie werden entweder geflochten oder gehäkelt und sind so lang, daß sie etwa zweimal um das Rundholz passen. Die zu einem Ring geschlossenen Schlaufen werden an einen starken Faden gebunden, dessen anderes Ende in eine Nadel gefädelt wird. Nachdem nun die Rundhölzer in den vorbereiteten Saum geschoben wurden, werden über die Enden die Schlaufen gezogen. Dort wo sie später sitzen sollen, sticht man mit der Nadel aus dem Saum oben heraus und zieht die Schlaufen ebenfalls durch den Stoff. Man muß dabei kräftig ziehen, damit die dicke Schlaufe durch den feinen Stoff geht. Damit ist der Holzstab fixiert und kann nicht mehr aus dem Stoff rutschen. Jetzt muß nur noch der untere Saum mit einem Holzstab versehen und die Arbeit, falls nötig, gedämpft werden.

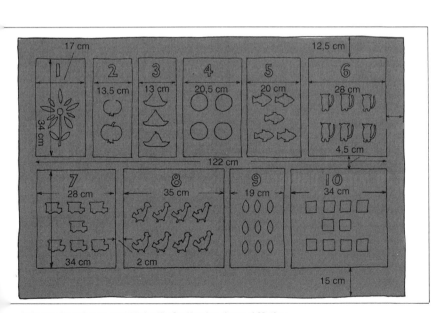

Abb. 26: Anordnung und Maße für Stoffrechtecke und Motive.

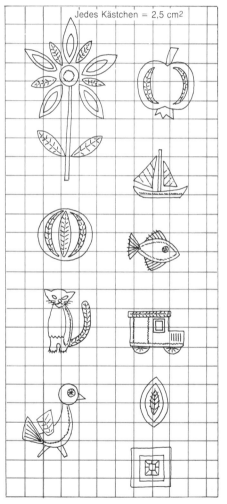

Abb. 27: Schema für die Schablonen.

Holzeinlegearbeiten

Zu den schönsten, aber auch aufwendigsten Holzarbeiten gehört die Einlegearbeit, auch unter dem Namen Intarsie bekannt. Hierbei werden aus verschiedenfarbigen Furnierhölzern Muster geschnitten und in ein Trägerbrett eingelassen bzw. aufgeklebt. Während man früher auch Werkstoffe wie Metall, Bein, Stroh oder Perlmutt verarbeitete, benutzt man heute fast nur noch Furniere, denn sie werden in großer Farbvielfalt mit unterschiedlichster Maserung angeboten. Mehr und mehr gewinnt die Intarsie an Popularität, und Werkstoffe, die man dafür benötigt, sind fast immer in Hobby- oder Bastelläden erhältlich. Besonders die Furnierblätter gibt es bereits zu mehreren Blättern, nach Farbe und Muster sortiert, abgepackt zu kaufen.

Was man für Intarsienarbeiten braucht

Eine **Sperrholzplatte** ca. 30 x 30 cm groß als Unterlage für die Schneidearbeit.
Ein **Schneidemesser** (Teppichmesser) mit auswechselbarer Klinge zum Schneiden des Furniers. Am besten eignet sich dazu ein Skalpell, wie es der Arzt verwendet. Es ist jedoch nicht leicht zu bekommen.
Ein **Schleifstein,** auf der einen Seite grob, auf der anderen Seite fein, zum Schleifen der Schneidemesser.
Klebstoff. Um die ausgeschnittenen Furnierteile aneinanderzukleben, verwendet man Weißleim, der kalt verarbeitet wird. Es gibt aber auch spezielle Furnierkleber im Fachhandel zu kaufen. Einen Kontaktkleber benötigt man, um das fertige Bild auf das Trägerholz zu kleben.
Mit braunen, **gummierten Papierstreifen** (ca. 2 cm breit) werden die Einzelstücke vor dem Verkleben fixiert.
Mit einer **Presse** wird das fertige, auf das Trägerbrett geklebte Bild aufgepreßt, bis der Kleber abgebunden ist. Ist keine Presse vorhanden, kann man sich auch mit zwei Spanplatten und mehreren Zwingen helfen. Zur Not genügen auch ein paar schwere Pflastersteine, obgleich hier kein gleichmäßiger Druck zu erreichen ist. Ein Stapel Bücher hat für das Anpressen des Bildes nicht genug Gewicht.
Ein **Metallineal,** vorzugsweise ein auf der Unterseite beschichtetes Lineal, das nicht rutscht.

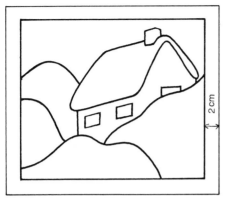

Abb. 1: Zeichnung des Motivs mit den groben Umrissen und dem Rand.

Abb. 2: So wird die Zeichnung auf den Furnierrest (Pappe) geklebt und das Kohlepapier zwischengelegt.

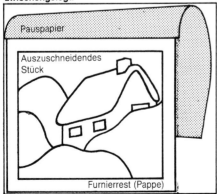

Abb. 3: Das ist die erste Fläche, die ausgeschnitten wird.

Schwarzes **Kohlepapier** zum Durchpausen der Motive. Blaues Kohlepapier ist ungeeignet. Es verfärbt das Holz.
Sandpapier in verschieden feiner Körnung.
Ein **Schleifklotz**, um den das Sandpapier gelegt wird.
Hartgrund bzw. **Klarlack** als Schutz für die fertige Arbeit.
Eine **Feinsäge**, um das Sperrholz zurechtzusägen.
Ein **Trägerbrett**, auf das die Furnierarbeiten schließlich aufgeleimt werden. Man benutzt dazu 5- oder 7schichtige Sperrholzplatten, notfalls auch eine Tischler- oder Spanplatte.
Ferner braucht man Bleistifte, Pauspapier, Metallwinkel, braunes Papier und Bügeleisen.

Grundtechnik

Das Gelingen einer guten Intarsienarbeit hängt von der Genauigkeit, mit der man arbeitet, ab und nicht zuletzt von der Auswahl an Furnierhölzern, die zur Verfügung stehen. Furniere sind dünne Holzblätter, die je nach Herstellungsart unterschiedlich dick sind. Es gibt sie in Stärken von 0,7 bis 2,5 cm. Entsprechend ihrer Maserung und Farbe werden sie für unterschiedliche Darstellungen genutzt: Für dunkle Flächen läßt sich am besten Nußbaum verwenden, ebenso Palisander. Das einzige fast weiße Holz liefert der Bergahorn. Für gelbliche Töne verwendet man Buche oder Fichte; Eiche und Olivenbaum liefern ein cremefarbenes Holz mit grauer Maserung, das sich gut zu Himmel- und Wassermotiven verarbeiten läßt. Rötliche Tönungen erhält man von Gabun und Lärche und von dem kostbaren Rosenholz. Der Vogelaugenahorn hat viele kleinste Astmarkierungen. Daraus lassen sich gut Kleinteile wie Augen oder Knöpfe schneiden. Die Spiegeleiche eignet sich besonders für Landschaften (Kornfelder und Sand). Die Liste ließe sich noch beliebig fortführen. Es werden aber nicht immer alle Furniere erhältlich sein, und man geht daher am besten in ein Fachgeschäft, wenn man sich für ein Motiv entschieden hat, und sucht sich aus den vorrätigen Furnieren die passenden Farbschattierungen aus.

Die Fenstertechnik

Die Einlegearbeit, bei der das Bild Stück für Stück aufgebaut wird, nennt man Fenstertechnik. Sie erlaubt ein besonders genaues Schneiden der Formen. Von einem Abfallstück Furnierholz in der späteren Bildgröße wird eine Form nach der anderen ausgeschnitten und sofort durch ein ausgesuchtes Furnierstück ersetzt, bis das ganze Bild mit den gewünschten Furnieren ausgetauscht wurde. Wenn man keinen Furnierrest hat, kann man auch Pappe verwenden (z.B. von einer leeren Korn-flakes-Schachtel).

Das Übertragen des Motivs

Hat man ein Motiv auf einer Zeichnung oder Fotografie gefunden oder entwirft man selbst ein Motiv, so überträgt man es in Originalgröße auf das Pauspapier und zeichnet rundherum einen „Rahmen" von 2 cm ein (Abb. 1). Dann schneidet man sich ein Stück Furnier oder Pappkarton in der Größe des Bildes plus dem Rand zu. Mit der Bildseite nach oben wird darauf das

Pauspapier gelegt und an der oberen Seite mit Klebeband festgeklebt. Dann schiebt man das Kohlepapier darunter (Abb. 2) und paust alle groben Umrisse durch (die Feinheiten werden später eingefügt).

So werden die Schablonen geschnitten:

Das Pauspapier wird weggenommen, das Kohlepapier entfernt, und man kontrolliert, ob sich alle gewünschten Linien sauber übertragen haben (Abb. 3). Jetzt können die Teile ausgeschnitten werden. Dabei arbeitet man von oben nach unten. Mit dem Schneidemesser wird das erste Stück sauber aus der Pappe herausgetrennt. Es wird nicht mehr benötigt. Unter das entstandene „Fenster" schiebt man das Furnierblatt und dreht es, bis Maserung und Farbe in der gewünschten Form passen. Mit zwei gummierten Papierstreifen fixiert man es von der Unterseite des Fensters, damit es nicht verrutscht. Mit dem Schneidemesser fährt man nun dicht entlang aller Kanten und ritzt alle Umrisse ein. Ganz ausgeschnitten wird das Stück später. Wie gut das Stück paßt, hängt von der Genauigkeit des „Anritzens" ab. Man schneidet nun die Klebstreifen durch und entfernt das Furnier. Auf dem Schneidebrett wird entlang der eingeritzten Linien das Motiv ausgeschnitten. Es kann erforderlich sein, mehrere Male über diese Linien zu fahren, ehe sie vom Hauptstück abfallen, besonders wenn man harte Hölzer verwendet. Bei schwierigen und engen Ecken sticht man das Furnier durch. Würde man entlangschneiden, könnte man leicht abrutschen und das Holz beschädigen. Das fertige Stück paßt man in das Fenster in der Pappe ein und kontrolliert, ob es genau paßt. Pappe und Furnier werden nun auf die linke Seite gedreht.

So wird das Furnier verklebt:

Dort, wo Pappe und Furnier aneinanderstoßen, wird ein wenig Klebstoff oder Leim aufgetragen und entlang der Kanten leicht verrieben, bis alles trocken ist. Jetzt dreht man das Ganze um und entfernt den Klebstoff, der eventuell durch die Ritzen gedrungen ist. Mit dem Schneidemessergriff wird das Furnier sauber in das Fenster gedrückt (Abb. 4). Sollten große Teile so nicht halten, werden sie von der Rückseite mit Papierklebestreifen fixiert. Auf diese Art und Weise fährt man Stück für Stück fort, bis alle Teile ausgeschnitten und verklebt sind.

Das Aufbringen der Einzelheiten

Wenn alle Teile sicher sitzen, legt man das Pauspapier mit der Zeichnung wieder über das Bild und richtet es an den Kanten des Furniers gerade. Vorsichtig legt man das Kohlepapier wieder dazwischen und zeichnet nun die Details des Bildes ein. Auch diese kleinen Teile werden eins nach dem anderen ausgeschnitten und durch anderes Furnier ersetzt. Wieder arbeitet man von oben nach unten.

Das Zuschneiden des Bildes

Jetzt wird das letzte Stück von der Pappe, der Rand, abgeschnitten. Mit einem Winkellineal kontrolliert man, ob

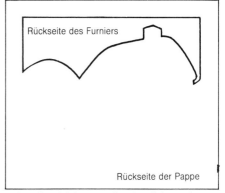

Abb. 4: So wird das erste Furnierstück von der Rückseite eingeklebt.

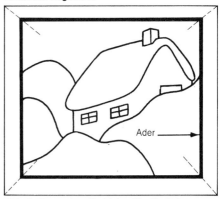

Abb. 5: So werden die Linien für die Gehrungen eingezeichnet.

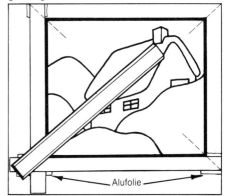

Abb. 6: So wird die erste Ecke auf Gehrung geschnitten.

alle Ecken genau rechtwinklig sind. Mit einem feuchten Tuch weicht man alle Papierstreifenreste ein und kratzt sie mit dem Messer vorsichtig ab. Jetzt sollte man seine Arbeit kritisch betrachten, denn noch ist es einfach, ein Furnierstück, das in der Maserung nicht paßt oder das schlecht geschnitten wurde, auszutauschen.

Das Trägerbrett

Die Maße des Bildes plus zwei Zentimeter für den Rand werden auf die Sperrholzplatte, die das Furnier tragen soll, übertragen und mit der Feinsäge sauber ausgesägt. Wieder wird auf genaue Winkligkeit geachtet. Mit dem Furnierbild als Schablone kontrolliert man noch einmal, ob die Kanten überall gleich breit sind, und korrigiert, wenn nötig, das Trägerbrett. Die Rückseite des Trägerbrettes wird zuerst furniert. Dazu schneidet man ein Furnierholz etwas größer als das Brett aus, um etwas Spielraum beim Kleben zu haben. Das Trägerbrett wird mit Weißleim bestrichen und zusammengepreßt.

Abb. 8: Reihenfolge, in der die Teile ausgeschnitten werden.

Dort, wo keine Presse zur Verfügung steht, legt man auf das Furnier eine Spanplatte und spannt sie mit möglichst vielen Schraubzwingen fest. Um das Furnier nicht zu verkratzen, empfiehlt es sich, zwischen Spanplatte und Furnier ein Stück Papier zu legen. Will man hier noch nicht mit den Schraubzwingen arbeiten, kann man auch einen Kontaktkleber verwenden, der allerdings kaum ein Zurechtschieben des Furniers zuläßt. Dafür wird er schnell trocken, und man kann rasch weiterarbeiten. Beim Kontaktkleber werden beide Teile mit Kleber bestrichen und erst, wenn er „anfaßtrocken" ist, zusammengefügt. Das Furnier wird fest auf das Unterholz gedrückt, besonders an den Ecken. Dabei ist die Druckintensität entscheidend, nicht die Druckdauer. Nach dem Kleben werden die Rückseite und die Kanten „gebrochen", das heißt leicht geschmirgelt. Die Seitenkanten werden als nächstes furniert. Dazu mißt man sie aus und schneidet Furnierstreifen zu, die etwas breiter und länger sind. Geklebt wird wie bei der Rückseite, wobei man hier mit dem oberen und unteren Streifen beginnt. Sind die Streifen fest verleimt und trocken, werden sie passend geschnitten und ebenfalls geschmirgelt. Dann arbeitet man die anderen zwei Seiten.

Die Adern

Adern nennt man die feinen Linien, die zwischen dem eigentlichen Rand und dem Bild zu sehen sind. Sie werden aus hellem oder dunklem Holz geschnitten. Meistens sind sie aus ganz hellem Holz (sie heben sich dann gut ab) und ca. 2 mm breit. Sie werden direkt auf das Furnierbild geklebt. Diese dünnen Streifen schneidet man etwas länger als das Bild zu und klebt einen nach dem anderen auf die Bildkanten. Die Ecken müssen dabei überlappen. Im Winkel von genau 45° werden beide Streifenlagen in den Ecken auf Gehrung geschnitten.

So wird das Bild auf das Trägerholz aufgezogen:

Das Motiv wird auf die nicht furnierte Seite des Trägerbrettes gelegt und genau zentriert, indem man alle Kanten gleichmäßig ausmißt. Mit einem Bleistiftstrich um das gesamte Bild markiert man das Trägerbrett. Auf den Untergrund trägt man den Kleber auf, der nur ein wenig über die Bleistiftmarkierungen reichen sollte. Nach kurzer Antrocknungszeit klebt man das Bild auf das Trägerbrett. Man setzt es an der oberen Bleistiftlinie an und drückt es langsam, an den Seitenmarkierungen ausgerichtet, auf. Es wird jetzt wie die Rückseite des Brettes gepreßt, wenn man keinen Kontaktkleber verwendet hat.

Bildkanten

Die Bildkanten werden ebenfalls in vier Streifen zugeschnitten, ein wenig größer, als die Maße ergeben. Besonders eignet sich für die Kanten Mahagoniholz wegen der gleichmäßigen, feinen Maserung. Mit einem Lineal werden die Diagonalen an den Ecken leicht mit Bleistift eingezeichnet, ca. 5 cm in das Bild hinein (Abb. 5). Kleine Stücke aus Alufolie oder Pauspapier werden zugeschnitten. Sie sollen verhindern, daß die Streifen dort zusammenkleben, wo sie später auf Gehrung geschnitten werden. Jetzt werden

Brettkante und Furnierstreifen mit Leim bestrichen und der erste Streifen auf das Brett geklebt. Er muß genau an die Bildkante anstoßen und wird nur in der Mitte fest angedrückt. In den beiden Ecken legt man unter den Streifen je ein Stück Folie, ebenso obendrauf. Gegen den Uhrzeigersinn arbeitet man weiter und legt den zweiten Streifen dicht an die Bildkante, drückt ihn in der Mitte fest und läßt ihn an der einen Seite über die Folie überlappen. Die dritte Ecke wird mit Folie ausgelegt. Mit einem Lineal wird die zweite Ecke entlang der auf dem Bild eingezeichne-

Das fertige Bild.

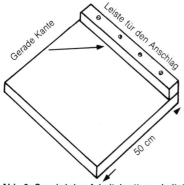

Abb. 9: So wird das Arbeitsbrett gearbeitet.

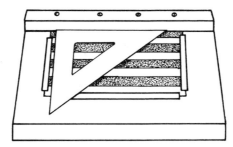

Abb. 11: So wird die Seitenkante geradegeschnitten.

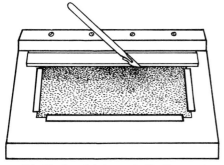

Abb. 10: So wird der erste Streifen am Anschlag geschnitten.

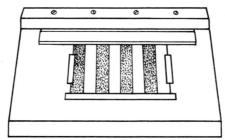

Abb. 12: Zuschneiden der aneinandergeklebten Streifen.

Die Politur

Alle Oberflächen werden mit Schmirgelpapier abgeschliffen. Man beginnt mit einer feinen Körnung und endet mit der feinsten Körnung. Das Bild sollte jetzt spiegelglatt sein. Es kann nun mit Hartgrund lackiert werden. Er dringt schnell und tief in die Poren des Holzes ein und schützt es nachhaltig. Nach ca. zehn Minuten ist er trocken. Es ist ein mehrmaliger Anstrich nötig, und vor jedem Streichen müssen die Oberflächen geschmirgelt werden. Erst bei zweimaligem Lackieren ist der Lackfilm vollkommen geschlossen. Man kann die Intarsie aber auch mit Möbelpolitur oder Hartwachs polieren; und zwar besonders dann, wenn das Werkstück nicht stark beansprucht wird.

Ein paar Tips zum Schluß

Nicht immer schafft man es, die Furnierstücke haargenau ineinanderzupassen. Kleine Ritzen und Fugen lassen sich auch nachträglich noch mit ein wenig Holzkitt ausbessern. Besonders harte Furniere sind schlecht zu schneiden und splittern leicht. Abhilfe schafft man, wenn man auf die Schnittflächen einen Streifen Papier klebt.
Beim Pressen der Arbeit können nicht genug Schraubzwingen angesetzt werden. Je mehr zur Verfügung stehen, desto gleichmäßiger ist der Druck. Größere Arbeiten kann man auch zu einem Tischler geben, wo sie mit einer hydraulischen Presse zusammengefügt werden. Die Arbeit sieht dann perfekt aus, und auch der Preis hält sich im Rahmen.

Abb. 7: Schema für die verschiedenen Furnierarten und Grundriß des Bildes.

ten Markierungslinien auf Gehrung geschnitten, die beiden Abschnitte und die Folien entfernt (Abb. 6). (Das obere Stück wird leicht herunterfallen, das untere muß man vorsichtig darunter hervorziehen.) Die Ecken werden angedrückt. Jetzt wird der dritte Streifen aufgeklebt und die vierte Ecke mit Folie ausgelegt. Wie zuvor wird die dritte Ecke auf Gehrung geschnitten. Dann wird der letzte Streifen aufgelegt und die vierte Ecke geschnitten. Zuletzt wird die erste Ecke auf Gehrung geschnitten. Alle überstehenden Ränder werden sorgfältig abgeschnitten, geschmirgelt und die Ränder, besonders die Ecken, fest angedrückt. Die ganze Arbeit sollte nun zwischen den Schraubzwingen oder einer Presse vierundzwanzig Stunden gepreßt werden, bis der Klebstoff vollkommen ausgehärtet ist.

Das Landschaftsbild

An diesem bezaubernden Bild kann man alle Techniken, die in den allgemeinen Anleitungen gegeben wurden, ausprobieren. Ein genaues Schema des Bildes ist in Abbildung 8 aufgezeichnet, doch nichts spricht dagegen, das Bild nach eigenem Geschmack abzuändern.

Material

Furnierhölzer in den Farben und Mustern, wie aus dem fertigen Bild auf Seite 63 ersichtlich:
1. Bergahorn
2. Heller Nußbaum
3. Mitteldunkler Nußbaum
4. Dunkler Nußbaum
5. Birnbaum
6. Wurzelholz
7. Kastanie oder Bergahorn

8. Mahagoni für die Ränder, Seiten und die Rückseite.
Ein Trägerbrett 21,5 cm x 16,5 cm.
Schrauben und Ösen zum Aufhängen des Bildes.
Werkzeug und Materialien für Intarsienarbeiten, wie auf Seite 59/60 beschrieben.

Und so wird's gemacht:

Die Grundtechnik für das Arbeiten von Intarsien ist bereits auf den Seiten 60 – 64 erklärt.
Das Bild von Abbildung 7 wird abgepaust. Die Zahlen geben an, wo welche Furniere verwendet wurden (siehe Materialliste). Die Pfeile geben die Richtung an, in der die Maserung verlaufen soll.
Ein Pappkarton oder ein Stück Restfurnier wird auf 21,5 cm x 16,5 cm zugeschnitten und darauf das Bild aufgepaust. Auf Abbildung 8 ist die Reihenfolge angegeben, in der die Pappstücke ausgeschnitten und durch Furniere ersetzt werden sollen. Ist diese Arbeit beendet, werden die Feinheiten von Baum, Fenster und Kamin furniert.
Jetzt wird das Trägerbrett vorbereitet: Es wird auf der Rückseite und an den Seiten furniert, dann das Bild aufgezogen und der „Rahmen" fertiggestellt. Die Arbeit wird gepreßt und anschließend lackiert oder poliert. Zum Schluß werden noch die Haken und Ösen zum Aufhängen angebracht.

Das Schachbrett

Motive, die sich für Intarsienarbeiten immer wieder anbieten, sind Brettspiele aller Art. So ein selbstgefertigtes Schachbrett z.B. wird der Stolz eines jeden Besitzers sein, und manches Spiel darauf wird doppelt Freude bereiten.
Das Arbeiten eines Schachbrettmusters ist mit Hilfe des Arbeitsbrettes recht einfach und auch von Anfängern leicht nachzuarbeiten. So ein Spielbrett muß nicht unbedingt auf ein gesondertes Brett übertragen werden. Das Muster läßt sich auch gut in einen fertigen Tisch einlegen oder auf einen Kasten kleben, in dem auch die Spielfiguren aufbewahrt werden.

Material

Helles Furnier mit gerader Maserung (z.B.Bergahorn).
Mahagoni oder ähnlich dunkles Furnier mit gerader Maserung.
Mitteldunkler Nußbaum für die Kanten, Seiten und die Rückseite.
Ein Trägerbrett aus Sperrholz, entweder 35 x 35 cm oder 23 x 23 cm groß.
Ein Metallineal, 2,5 cm breit für das kleinere Brett, 4 cm breit für das größere Brett.
Für die Arbeitsunterlage aus Sperrholz zwei Bretter 50 x 50 cm und 50x3 cm.
Holzschrauben zum Anbringen der Leiste.
Zubehör für Intarsienarbeiten, wie auf Seite 59/60 aufgezählt.

Und so wird's gemacht:

Die Grundtechnik für das Arbeiten von Intarsien ist bereits auf den Seiten 60 – 64 erklärt.
Zuerst wird das Arbeitsbrett wie auf Abbildung 9 gefertigt. Die Holzleiste wird gerade auf das Brett geschraubt. Sie muß sehr fest sitzen, denn sie ist der Anschlag für Furnier und Lineal. Zuerst legt man das helle Furnier auf das Arbeitsbrett und schneidet mit Hilfe von Lineal und Schneidemesser entlang der Maserung eine Kante gerade. Diese gerade Kante wird gegen den Anschlag geschoben, ebenso das Metallineal, und mit einem scharfen Messer ein Streifen in Linealbreite abgeschnitten (Abb. 10). Den Streifen nimmt man weg, schiebt das Furnier nach und schneidet weitere Streifen, insgesamt vier. Ebenso schneidet man vier Streifen aus dem dunklen Furnier. Hell und dunkel abwechselnd werden alle Streifen auf der rechten Seite mit gummierten Papierstreifen zusammengeklebt. Mit einem Winkellineal schneidet man eine Querseite des zusammengeklebten Stücks gerade, so daß sich ein genauer rechter Winkel ergibt (Abb. 11). Jetzt dreht man die aneinanderhängenden Streifen mit der geraden Kante gegen den Anschlag und schneidet wieder acht Streifen, wie vorher beschrieben (Abb. 12). Die losen Streifen werden wieder zusammengelegt, dabei jeder zweite Streifen um ein Feld nach oben verschoben, es ergibt sich das Schachbrettmuster. Mit dem Klebeband werden die Streifen rechts zusammengehalten. Die überstehenden Teile werden nun abgeschnitten und die gesamte Arbeit nach Wunsch mit einer Ader versehen. Jetzt wird das Trägerbrett furniert, das Schachbrettbild mit der papierlosen Seite aufgeleimt, die Ränder furniert und das Papier vorsichtig aufgeweicht und mit dem Messer abgekratzt. Alle Oberflächen werden nun glattgeschmirgelt, die Arbeit wird gepreßt und anschließend lackiert.

Das Schachbrett in Gebrauch.

Werkzeugkasten

Die wenigsten Heimwerker, die Intarsienarbeiten zu ihrem Hobby gemacht haben, sind auch gleichzeitig Kunsttischler. So werden sie sich die Holzkiste, die für diesen Werkzeugkasten gebraucht wird, kaufen. Neue Holzkästen können sofort verarbeitet werden. Alte, gebrauchte Kästen müssen erst entsprechend vorbereitet werden: Alle Beschläge und Verschlüsse werden vorerst soweit wie möglich abgenommen. Dann wird die zukünftige Werkzeugkiste bis auf das Naturholz abgeschliffen, alte Farben mit Abbeizer entfernt. Die abgebeizten Flächen wer-

den gründlich mit warmem Waser abgebürstet und nach dem Trocknen geschmirgelt.
Bei diesem abstrakten Motiv, mit dem die Box verziert ist, können gut Furnierreste verarbeitet werden. Der Reiz des Musters liegt in der Zusammenstellung der verschiedenen Holzarten.

Material

Eine gekaufte oder alte Holzkiste mit Deckel.
Mahagoni-Furnier als Bildhintergrund und für die Außenwände des Kastens.
Eine Auswahl verschiedener Furniere, inklusive Bergahorn (fast weiß).
Zubehör für Intarsienarbeiten, wie auf Seite 59/60 aufgeführt.

Und so wird's gemacht:

Alle Techniken, die man für Intarsien benötigt, sind auf den Seiten 60 – 64 erklärt.
Aus Mahagoni-Furnier werden die Stücke für die Seiten-, Rück- und Vorderflächen geschnitten, ebenso für den Boden. Alle Flächen schneidet man etwas größer, um Spielraum beim Aufkleben zu haben. Ebenso schneidet man die Teile für den Kastendeckel zu. Zuerst furniert man nun den äußeren Kastenboden und schmirgelt ihn ab. Als nächstes arbeitet man zwei gegenüberliegende Seitenflächen von Kasten und Deckel. Die Seiten werden so lange geschmirgelt, bis Kasten und Deckel gleich abschließen und das Furnier nicht unterschiedlich vorsteht.
Zuletzt furniert man die Vorder- und Rückseiten. Auch sie werden geschmirgelt. Auf gleiche Art und Weise kann man die Innenseiten des Kastens mit Furnieren auskleiden. Eine weitere Möglichkeit ist, das Innere des Kästchens mit Stoff auszulegen. Dazu schneidet man sich Pappstückchen zurecht, die genau in den Kasten passen. Man beklebt sie mit dem Stoff, der an den Rändern ca. 1 cm übersteht, schlägt diese Kanten nach hinten um, klebt sie fest und bringt alle Teile in den Kasten.
Nach diesen ganzen Vorbereitungen wird die Oberseite des Kastendeckels gearbeitet. Dazu überträgt man das Motiv von Abbildung 13 auf Mahagoni-Furnier, das etwas größer als das eigentliche Bild zugeschnitten wird. Die

Abb. 13: Motiv für den Kastendeckel.

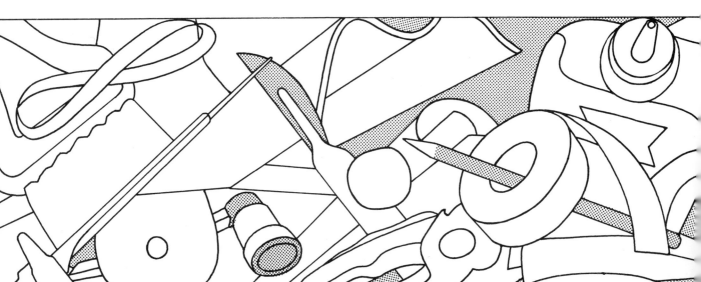

Maserung verläuft horizontal. Alle schattierten Flächen auf der Zeichnung bleiben in Mahagoni. Alle anderen Teile werden nach und nach aus anderen Furnieren zugeschnitten und ausgetauscht. Sie sollten so auf das Muster verteilt werden, daß gleiche Hölzer nicht nebeneinanderliegen. Der Bergahorn eignet sich wegen seiner hellen Farbe gut zum Unterteilen von Farbschattierungen. Wenn das Motiv fertig ist, wird es auf den Deckel aufgezogen und geschmirgelt. Alle Flächen werden lackiert oder poliert und die Haken, Ösen oder Verschlüsse wieder aufgeschraubt.

Miniaturbild mit Vogelmotiv

Mit zu den schwersten Intarsienarbeiten gehören die Miniaturbilder. Sie sind nur 7 cm x 10 cm groß; entsprechend klein und zierlich ist das Motiv. Es gehören schon eine Menge Geduld und etwas Geschick dazu, die winzigen Teile auszuschneiden und zu verarbeiten. Wegen der geringen Größe bieten sich Vögel oder andere kleine Tiere und Blumen als Grundmotiv an. Aus ungefärbtem Furnier lassen sich fast alle Farben außer Blau und Grün zusammenstellen. Man wählt daher besser ein Motiv aus, das ohne diese beiden Farben auskommt.

Material

Rosenholz für den Hintergrund. Gräuliches Furnier für die Flügel. Reste anderer Furniere für den Vogelkörper und den Baum.

Abb. 14: Motiv für das Vogelbild.

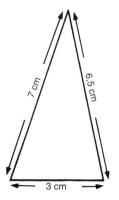

Abb. 15: Schablone für den Ständer.

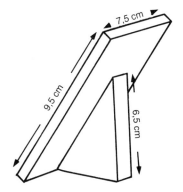

Abb. 16: So wird der Ständer am Bild festgeklebt.

Werkzeugkasten mit abstraktem Motiv.

Nußbaum für Trägerbrett und Ständer.
Ein Trägerbrett 7,5 cm x 9,5 cm.
Ständer aus dem gleichen Material in den Maßen 6,5 cm x 6,5 cm.
Zubehör für Intarsienarbeiten, wie auf Seite 59/60 aufgeführt.

Und so wird's gemacht:

Alle Techniken, die für dieses Bild benötigt werden, wurden bereits auf Seite 60 – 64 erklärt.
Es sind jedoch ein paar Feinheiten zu beachten, die nachfolgend erklärt werden:
So braucht man keine Pappe oder Restfurnier. Man überträgt das Bild mit Kohlepapier direkt auf das Trägerbrett (Abb. 14). Jedes kleine Teil wird nach und nach ausgeschnitten. Feinheiten werden nicht nachträglich eingearbeitet. Lediglich das Auge des Vogels wird vorbereitet: Man schneidet zuerst das „Augenloch" aus grauem Furnier aus, schneidet einen kleinen Kreis hinein, in den das Schwarze des Auges, die Pupille, eingeklebt wird. Mit einer Nadel bohrt man in das Schwarze ein kleines Loch und füllt es mit einem winzigen Stück hellem Holz. Nun wird das Trägerbrett vorbereitet. Man furniert die Rückseite mit Nußbaum und klebt dann das Bild nach und nach auf die Vorderseite auf. Die Seiten werden wie üblich von links nach rechts furniert und geschmirgelt. Mit Abbildung 15 als Muster sägt man den Ständer für das Bildchen zu und furniert ihn. Die lange Seite des Dreiecks bleibt dabei unbehandelt. Mit dieser Seite wird der Ständer auf die Bildrückseite geklebt, wobei man seine Unterseite mit dem unteren Bildrand plan abschließen läßt (Abb. 16). Dafür verwendet man Kontaktkleber.

Ein zierliches Minibild mit angeklebtem Ständer

Perlenarbeiten

Perlen sind ausgesprochen vielseitig, es gibt sie in vielen Farben und Formen. Ebenso vielseitig sind ihre Verwendungsmöglichkeiten: Man kann sie weben oder auf Draht fädeln, als Dekoration auf eine Handarbeit aufsticken oder zu Fransen verarbeiten. Schon in früheren Zeiten waren Perlenfransen besonders beliebt, und auch in diesem Kapitel soll darauf ausführlich eingegangen werden.
Die winzigen Perlen zu Fransen aufzufädeln erfordert eine Menge Geduld, denn die Perlen sind klein, und man kommt nur langsam voran. Doch hat man erst einmal die Grundtechniken bewältigt, werden einen die glitzernden, sich ständig bewegenden Perlenreihen für die viele Mühe entlohnen.

Was man zum Arbeiten mit Perlen braucht

Zunächst einmal braucht man eine **Perlennadel,** um die Perlen aufzufädeln. Diese Nadeln sind lang, dünn und biegsam, und es gibt sie in verschiedenen Größen.
Als **Faden** verwendet man einen Kunststoffaden. Er ist dünn und doch sehr haltbar. Die Farbe wird entweder passend zu den Perlen oder passend zum Stoff gewählt.
Für welche **Perlen** man sich entscheidet, hängt von der Qualität des Stoffes ab, für den man sie verwenden will. So wird man für gröberen Stoff größere Perlen verwenden als für feinen Stoff. Perlen gibt es in vielen unterschiedlichen Formen. Dabei werden runde Perlen, längliche Perlen und Pailletten am häufigsten verwendet. Sie werden in unterschiedlichen Verpackungsgrößen angeboten. Man kauft sie abgepackt zu mehreren Stück, nach Gewicht oder einzeln. Perlen werden in so ziemlich allen Farben hergestellt. Dabei unterscheidet man noch zwischen glänzenden, matten, durchsichtigen und undurchsichtigen Farben. Generell arbeitet man immer mit Perlen gleicher Größe und Formen. Will man unterschiedliche Formen verwenden, müssen sie so in das Muster eingebaut werden, daß sie sich in der gleichen Reihenfolge wiederholen, damit sich das Muster nicht verschiebt.
Ein **schmales Baumwollband** (0,5 cm) benutzt man als Unterlage für Fransen, die in einen stark geschwungenen Rand eingearbeitet werden sollen.
Ein **Stickrahmen,** in den man ein Stück Stoff gespannt hat, dient als feste Unterlage beim Auffädeln der Perlen.

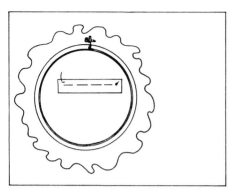

Abb. 1: Aufheften des Baumwollstreifens im Stickrahmen.

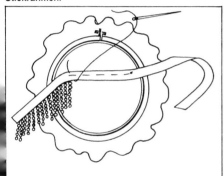

Abb. 2: Arbeiten mit einem langen Band im Stickrahmen.

Grundtechnik

Das Entwerfen von Mustern

Am einfachsten läßt sich ein Muster entwerfen, wenn man auf Karopapier mit Buntstiften das Muster aufzeichnet. Dabei spricht ein Karo einer Perle. Anfangs hält man sich an einfachere Linien, und erst im fortgeschrittenen Stadium wagt man sich an komplizierte Muster mit unterschiedlichen Perlenformen heran. Dabei muß man bedenken, daß die Perlen entsprechend ihrer Form unterschiedlich im Muster auftragen. Manche Perlen sind z.B. breiter als tief, die länglichen Perlen etwa doppelt so lang wie breit. Das läßt sich nicht immer auf dem Karopapier berücksichtigen. Daher wird das entworfene Muster in der fertigen Arbeit etwas anders aussehen.

Will man ausrechnen, wieviele Perlen man für das Fransenstück einer Arbeit braucht, legt man die Perlen mit den Löchern nach oben auf einen Zentimeter der Arbeit aus. Dann zählt man die Perlen, die für diesen Zentimeter verbraucht wurden, aus und nimmt sie mit der Zentimeterzahl mal, die noch zu arbeiten ist. Auch Muster können auf diese Art und Weise ausgerechnet werden. Werden ausschließlich geometrische oder symetrische Formen für das Muster verwendet, genügt es, nur das halbe Schema aufzuzeichnen, die zweite Hälfte arbeite man dann gegengleich.

Vorbereitung

Es gibt zwei Möglichkeiten, eine Fransenkante herzustellen. Man näht die Perlen an dem schmalen Baumwollband fest, das man dann an das

Das Baumwollband kann daraufgeheftet werden.

Sortiert nach Farben und Formen werden die Perlen in unterschiedlichen **Behältnissen** aufbewahrt. Kleine Plastikbehälter, Käseschachteln oder die Döschen, in denen man die Perlen manchmal kauft, sind dafür besonders geeignet.

Farbige **Buntstifte** oder Filzstifte und Karopapier braucht man, um selbst Muster zu entwerfen.

Ferner benötigt man eine Schere, ein Maßband, Lineal, normale Nähnadeln, Nähgarn und Klebstoff.

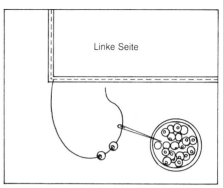

Abb. 3: Das „Aufspießen" der Perlen mit der Nadel.

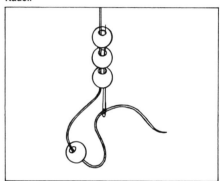

Abb. 4: Das Zurückfädeln am Ende einer Perlenreihe.

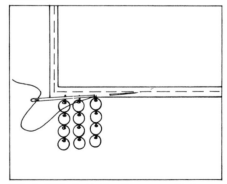

Abb. 5: Stich durch den Saum zum Beginn einer neuen Perlenreihe.

Kleidungsstück annäht. Das empfiehlt sich besonders bei Arbeiten, die sehr klein sind. Man heftet das Band dazu an den Stoffrest, der im Stickrahmen gespannt ist, wobei man das Baumwollband etwas größer bemessen hat, als die gesamte Fransenlänge später sein soll (Abb. 1). Ist das Band für den Stickrahmen zu lang, wird es abschnittsweise angeheftet, und wenn der Abschnitt beendet ist, der Heftfaden gelöst, das Band weitergeschoben und wieder angeheftet. So arbeitet man sich am gesamten Band entlang (Abb. 2). Wenn keine weiteren Vorbereitungen am Stoff notwendig sind, kann man die Perlen auch direkt an den Gegenstand aufnähen.

So arbeitet man mit Perlen:

Man arbeitet immer auf einem mit einem Tuch bedeckten Tisch. Das Tuch verhindert, daß die Perlen sich selbständig machen und wegrollen. Der Tisch bietet eine gute Arbeitsunterlage, besonders wenn die Arbeit weiter fortgeschritten ist und immer schwerer wird. Zuerst sortiert man die Perlen in Behältern nach Farben. Die Nadel wird mit einem Faden eingefädelt, der nicht doppelt genommen wird. Mit der Nadelspitze „spießt" man nun die Perlen in den entsprechenden Farben aus dem Behälter auf und zieht sie auf den Faden. Schon bald wird man so geschickt werden, daß man gleich mehrere Perlen auf einmal auf die Nadel fädeln kann (Abb. 3).

Ist eine Perlenreihe fertig, muß der Faden vernäht werden. Er wird dazu durch alle Perlen an den Ausgangspunkt zurückgefädelt, wobei man die letzte Perle ausläßt (Abb. 4). Zwei oder mehr kleine Stiche am Saum halten die Perlenreihe an Ort und Stelle. Man darf bei den Stichen den Faden nicht zu sehr anziehen, damit sich die Perlenfransen nicht biegen oder steif herunterhängen. Den Faden bringt man durch den Saum zum nächsten Punkt, wo eine Reihe beginnen soll (Abb. 5). Man kann innerhalb einer Perlenreihe den Faden nicht wechseln. Deshalb muß besonders bei langen Fransen darauf geachtet werden, daß der Faden für die folgende Reihe noch lang genug ist. Wenn nicht, wird er vorher vernäht und die neue Reihe mit einem neuen Faden begonnen. Es empfiehlt sich, vor Beginn der Arbeit auf dem Papierschema die senkrechte Reihe auf dem Papiermuster, an der man beginnen will, zu markieren, damit man mit den

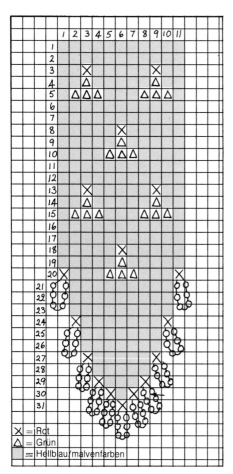

Abb. 6: Schema für die Brosche.

Reihen nicht durcheinanderkommt. Ebenso kann man jede gearbeitete Franse auf dem Papier „abhaken". Ist die ganze Fransenkante fertig, wird der Faden mit ein paar Stichen am Saum oder Baumwollband fest vernäht.

Schlaufen

Man kann eine Perlenreihe auch mit einer Schlaufe beenden. Dazu fädelt man vier Perlen zusätzlich auf und führt den Faden normal zurück, ohne die vier Perlen jedoch zu berücksichtigen. Sie bilden dann eine Schlaufe.

Perlenbrosche

Diese Brosche ist mit wenig Material herzustellen und eine leichte Arbeit für den Anfänger. Sie wurde aus zwei sich überlappenden Fransenteilen gearbeitet, wobei nur eine Perlensorte verwendet wurde. Für genügend Auflockerung sorgen die verschiedenen Farben, die zu Schlaufen gelegten Enden und die abgerundete Unterkante.

Material

Kleine durchsichtige Glasperlen:
15 g in Farbe A (blau)
15 g in Farbe B (malvenfarbig)
34 g in Farbe C (rot)
48 g in Farbe D (grün).
Zwei Streifen Baumwollband, 0,5 cm breit und je 5 cm lang.
Ein Stoffrest, 4 cm x 2 cm groß in der Farbe A.
Ein Filzrest, 3 cm x 1 cm in der Farbe E (weiß).
Ein Stück Pappe, 3 cm x 1 cm.
Etwas Vlieseline, 3 cm x 1 cm.
Eine Anstecknadel für die Brosche.
Perlennadel passend zu den Perlen.
Klebstoff.
Zubehör für das Arbeiten mit Perlen, wie auf Seite 72 aufgeführt.
Die fertige Brosche ist ungefähr 3 cm x 6 cm groß.

Und so wird's gemacht:

Alle Techniken, die für diese Brosche benötigt werden, wurden bereits auf den Seiten 73 – 76 erklärt.

Zuerst heftet man ein Stück des Baumwollstreifens auf den Stoff im Stickrahmen und näht daran die nach Abbildung 6 angegebenen Perlenreihen fest. Die sechs Perlen am Ende in der Farbe B sollen dabei eine Schlaufe bilden (Abb. 7). Wenn das Stück fertig ist, wird es heruntergenommen und das andere Baumwollband mit der zweiten Farbvariante gearbeitet. Auf alle Bandenden wird dicht neben den Perlen Klebstoff aufgetragen, und wenn er trocken ist, die überstehenden Enden abgeschnitten (Abb. 8). Auf die eine Seite des Pappstückchens wird die Vlieseline aufgeklebt und dann auf die linke Seite des Stoffrestes aufgelegt. Die überstehenden Stoffkanten werden um die Pappe geschlagen und festgeklebt. Ist alles trocken, werden die zwei Fransenteile auf die Rückseite der Pappe geklebt, wie in Abbildung 9 zu sehen ist. Jetzt wird der Papprücken mit etwas Filz beklebt und darauf die Broschennadel mit starkem Klebstoff befestigt.

Schal mit aufgenähten Perlenfransen

Die Fransen an diesem Schal sind im Prinzip genau wie bei der Brosche gearbeitet, doch handelt es sich hierbei um eine sehr viel größere Arbeit, die schon etwas mehr Geduld und Erfahrung erfordert. Bis auf die Randperlen wird das Muster mit der gleichen Perlensorte gearbeitet.

Material

Ein Schal, 140 cm x 31 cm.
Kleine, durchsichtige Glasperlen:
390 g in der Farbe A (gold),
90 g in der Farbe B (rot),
60 g in der Farbe C (grün).
Undurchsichtige Perlen:
30 g in der Farbe D (hellgrün),
30 g in der Farbe E (dunkelrot).
15 g längliche Perlen (Röhrchenperlen) in Braun.
Passende Perlennadeln.
Zubehör für das Arbeiten mit Perlen, wie auf Seite 72/73 aufgeführt.
Die Fransen sind 12 cm lang.

Und so wird's gemacht:

Alle Grundtechniken, die für diesen Schal benötigt werden, sind bereits auf den Seiten 73 – 76 erklärt.
Man beginnt mit der Vorbereitung des Schals: Im Abstand von 2,5 cm vom unteren Rand wird an beiden schmalen Kanten eine Linie in Reihstichen markiert. Dann faltet man den Schal der Länge nach und erhält somit die Mittellinien. Sie werden vom unteren Rand bis zur bereits genähten Hilfslinie im Reihstich markiert. Der Schal wird dann noch einmal der Länge nach gefaltet. Man hat die Schalbreite damit geviertelt. Auch diese zwei Linien werden geheftet (Abb. 10).
Aufgezogen werden die Perlen nach dem Farbmuster in Abbildung 11. Um es leichter lesen zu können, sollte man es sich auf Karopapier vergrößern. Das erste Viertel des Musters wurde weggelassen, es ist identisch mit dem letzten Viertel des Musters, jedoch seitenverkehrt.
Man beginnt mit der Arbeit genau in der Mitte des Schals, bei Reihe 1 auf der Grafik und arbeitet nach rechts. Zuerst führt man den Faden am Ende des Schals auf die linke Stoffseite genau an der markierten Mittellinie heraus.
1. Reihe: Man fädelt 11 Perlen in der Farbe A auf und führt den Faden zur oberen genähten Querlinie durch den Stoff auf die rechte Seite. Jetzt fädelt man die restlichen Perlen der Reihe auf (Abb. 12). Am Ende der Reihe zieht man drei Röhrchenperlen auf, die eine Schlaufe bilden sollen, und fädelt den Faden durch die Perlenreihe zurück zum Ausgangspunkt.
2. Reihe: In dieser Reihe werden sofort alle Perlen aufgezogen, ohne den Faden zuvor auf die linke Stoffseite zu bringen. Man beginnt an der oberen Querlinie. Die Reihe wird wieder mit einer Schlaufe beendet.
3. Reihe: Diese Reihe wird wie die erste Reihe gearbeitet, d.h. der Faden wird mit 11 Perlen links begonnen und dann auf die rechte Schalseite gestochen, die restlichen Perlen aufgefädelt und am Ende eine Schlaufe gebildet.
4. Reihe: Sie wird genau wie die zweite Reihe gearbeitet.
So wechselt man die Reihen ab und beendet die Fransen auf der rechten Seite. Der Faden wird fest in der Ecke vernäht. Jetzt beginnt man mit der zweiten Schalhälfte wieder in der Mitte (Reihe 2) und arbeitet diesmal von rechts nach links die Reihen 2–31. Das letzte Viertel (Reihen 31–61, auf der rechten Seite der Grafik) arbeitet man weiter von rechts nach links, liest in der Grafik jedoch von links nach rechts, um das Muster umzukehren. Das zweite Schalende wird ebenso fertiggestellt.
Sind alle Perlenreihen beendet, faltet man den 2 cm Saum, an den die 11 Perlen genäht sind, auf die linke Seite bis an die markierte Hilfslinie. Alle Perlenreihen sollen jetzt frei herunterhängen; die 11 Anfangsperlen jeder zweiten Reihe sind im Saum verdeckt (Abb. 13). Mit kleinen Vorstichen wird der Saum festgenäht. Jedesmal, wenn die Nadel auf der rechten Seite herauskommt, wird eine Perle in der Farbe A aufgefädelt (Abb. 14); das andere Schalende wird ebenso gesäumt.

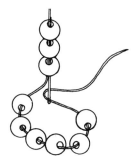

Abb. 7: Bilden einer Schlaufe.

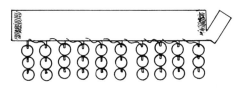

Abb. 8: Verkleben und Abschneiden der Bandenden.

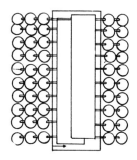

Abb. 9: Aufkleben beider Bänder auf Pappe.

Diese asymmetrischen Fransen am Schal werden die Blicke sofort auf sich ziehen. Das Rosenmuster in der Mitte wurde als Ganzes gearbeitet, während das linke Muster die genaue Umkehrung des Musters auf der rechten Seite ist. Glitzernde Röhrchenperlen, zu einer Schlaufe geformt, bilden den Abschluß einer jeden Reihe.

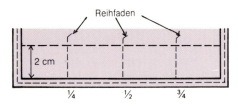

Abb. 10: Linien für die Reihnaht.

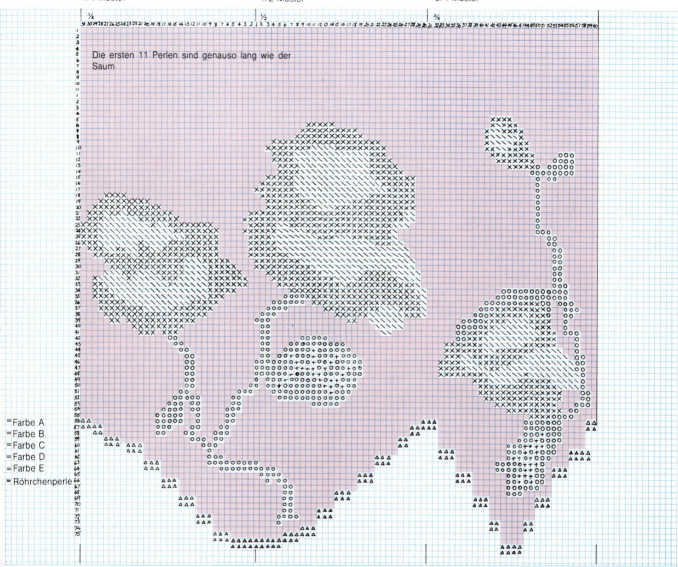

Abb. 11: Schema für Schalfransen.

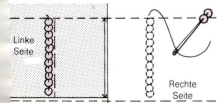

Abb. 12: Festnähen der ersten elf Perlen auf der linken Seite des Stoffes.

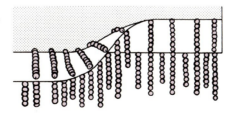

Abb. 13: Einschlagen der ersten elf Perlen im Saum.

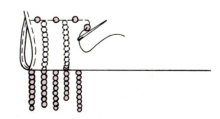

Abb. 14: Festnähen des Saums mit Perlen.

Australischer Kreuzstich

Es handelt sich bei dieser Handarbeit um eine Stickerei, die mit weißem Filetgarn auf karierten Baumwollgeweben gearbeitet wird. Eine Bordüre im australischen Kreuzstich sieht sehr attraktiv aus und ist auch vom Stickanfänger leicht nachzuarbeiten. Man weiß bis heute nicht, wo diese Stickerei, die im 19. Jahrhundert zum ersten Mal auftauchte, ihren Ursprung hatte. In der damaligen Zeit war es üblich, selbstgewebtes grobes Leinen mit Kreuzstichen zu besticken. Vielleicht ist daraus die australische Kreuzsticharbeit entstanden? Gestickt wird in zwei Arbeitsgängen auf gleichmäßig karierten Stoffen, wobei nur die farbigen Kästchen ausgestickt werden. Die unterschiedlichen Muster entstehen durch Garnfäden, die mehrmals unter einem Kreuzstich hergefädelt werden und aneinandergereiht eine wunderschöne Bordüre auf der Arbeit bilden.

Was man für die austral. Kreuzsticharbeit braucht

Als **Stoff** verwendet man immer ein kariertes Kunstfaser/Baumwollgemisch mit ca. 6 mm großen Quadraten. Mancherorts ist dieser Stoff unter dem Namen „Schülertuch" bekannt. Reiner Baumwollstoff ist nicht geeignet, weil er beim Waschen leicht einläuft.
Als Stickgarn verwendet man **Filetgarn** in Weiß.
Nähgarn in den passenden Farben der farbigen Quadrate, um Arbeiten vorzubereiten und zu beenden.
Verschiedene **Nähnadeln,** darunter eine Nähnadel mit so großem Öhr, daß sich das Filetgarn einfädeln läßt.
Ferner Schere, Fingerhut, Stecknadeln und ein Maßband.

Grundtechnik

Man schneidet den Stoff so zu, daß genügend Saum bleibt, um die gestickte Borte später von unten ganz zu bedecken. Der eingefädelte Filetgarnfaden sollte ca. 90 cm lang sein und wird am Ende mit einem Knoten versehen. Die farbigen Kästchen dienen als Markierungen beim Sticken.

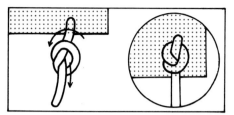

Abb. 1: Sichern eines Fadenendes.

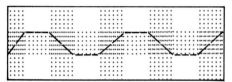

Abb. 2: Erster Arbeitsgang des unterbrochenen Kreuzstichs.

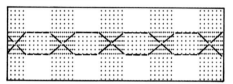

Abb. 3: Zweiter Arbeitsgang des unterbrochenen Kreuzstichs.

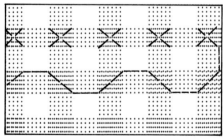

Abb. 4: Anfang einer zweiten Reihe.

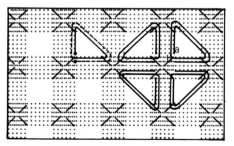

Abb. 5: Rosenmuster.

So wird ein Fadenende verknotet:

Das letzte Ende des Fadens sticht man zur Unterseite des Stoffes. Dort legt man es zu einer Schlaufe und zieht die Nadel mit dem Faden durch (Abb. 1). Es hat sich ein einfacher Knoten gebildet, den man bis an den Stoff schiebt, festzieht und das überstehende Fadenstück abschneidet.

Das Sticken des unterbrochenen Kreuzstiches

Drei Reihen mit dem unterbrochenen Kreuzstich bilden das Grundmuster der Rosen-, Stern- und Schmetterlingsform, die in diesem Kapitel verwendet werden. Jedes unterbrochene Kreuz wird auf einem farbigen Quadrat des Stoffes gearbeitet.

Erster Schritt

* Man beginnt mit der rechten Seite einer neuen Reihe und sticht mit der Nadel aus der oberen rechten Ecke eines farbigen Quadrates. Diagonal wird der Faden zur unteren linken Ecke geführt, davor in der Mitte des Kästchens ein „Ein-Aus"-Stich gestickt. Es ist jetzt eine Diagonale mit einem kleinen Zwischenstich entstanden. Man sticht nun wieder aus dem Stoff, diesmal in der unteren rechten Ecke des nächsten farbigen Quadrats, dann wird die Nadel links oben wieder eingestochen. Wieder näht man den kleinen Zwischenstich im Kästchenmittelpunkt. Ab * werden die Vorgänge wiederholt, bis das Ende der Reihe erreicht ist. Dabei stickt man immer eine ungerade Zahl von Quadraten (Abb. 2). Die gepunkteten Linien auf

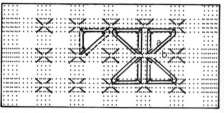

Abb. 6: Schmetterlingsmuster.

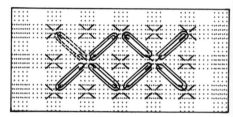

Abb. 7: Einfaches Sternenmuster.

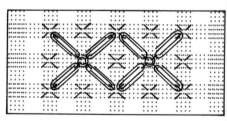

Abb. 8: Sternenmuster mit kleiner Mitte.

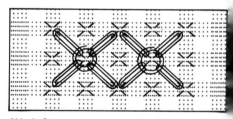

Abb. 9: Sternenmuster mit großer Mitte.

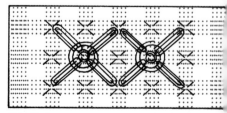

Abb. 10: Sternenmuster mit großer und kleiner Mitte.

der Abbildung kennzeichnen die Fäden, die unter dem Stoff herlaufen.

Zweiter Schritt
Weitergeführt wird die Arbeit am letzten gestickten Kästchen der ersten Reihe in der linken oberen Ecke. Man arbeitet diesmal von links nach rechts über die Stiche der ersten Reihe in genau der gleichen Weise, wobei dann links und rechts umgekehrt zu lesen sind (Abb. 3). Eine zweite Reihe beginnt man, indem man unter einem weißen Kästchen hersticht und in der unteren rechten Ecke eines farbigen Kästchens der darüberliegenden Reihe heraussticht (Abb. 4). So werden drei Reihen gearbeitet, dann der Faden verknotet. Fast alle Muster werden in einem Quadrat gearbeitet, das sich aus drei Kreuzstichen hoch und drei Kreuzstichen quer bildet. Zur besseren Verständigung wird dieses Quadrat in den folgenden Erklärungen als „Neunerblock" bezeichnet.

Das Rosenmuster

Für das Rosenmuster stickt man drei Reihen des unterbrochenen Kreuzstiches. Eine Rose wird in einem Neunerblock gestickt, dabei arbeitet man von rechts nach links über die Reihe. Man sticht mit Nadel und Faden in der oberen rechten Ecke eines Kreuzes in der mittleren Reihe heraus, ganz wenig links von dem bereits vorhandenen Einstichloch (Abb.5, Punkt A). Mit dem Nadelöhr voran zieht man den Faden unter dem rechten unteren Stich des zweiten Kreuzes in der oberen Reihe, dann durch den linken oberen Stich des ersten Kreuzes der mittleren Reihe und zurück zum Ausgangspunkt durch den rechten oberen Stich des zweiten Kreuzes der mittleren Reihe. Der Faden wird noch einmal unter den Stichen hergeführt und am Punkt B, Abb. 5 wieder eingestochen. Damit ist ein Rosenblatt fertig. Drei weitere Blätter werden um dieses erste Kreuz gearbeitet. Es ist damit das Mittelkreuz eines Neunerblocks (Abb. 5). Jedes weitere Blatt und jede Blattfolge werden im Uhrzeigersinn gearbeitet. Alle Kreuzstiche sollen später noch zu sehen sein, der Faden darf also niemals über diesen Stichen herlaufen. Für das nächste Rosenmuster beginnt man am nächsten, nicht umsponnenen Kreuz der mittleren Reihe.

Das Schmetterlingsmuster

Zuerst stickt man drei Reihen des unterbrochenen Kreuzstichs. Das Muster wird wieder auf dem Mittelkreuz eines Neunerblocks gearbeitet, wieder von rechts nach links. Man führt den Faden in der oberen rechten Ecke eines Kreuzes in der mittleren Reihe heraus (Abb. 6, Punkt A). Der Faden wird nun unter den unteren rechten Stich des zweiten Kreuzes in der ersten Reihe geführt, dann unter den unteren linken Stich des ersten Kreuzes in der ersten Reihe und zurück zum Mittelkreuz. Die gleiche Fadenführung wird wiederholt und dann die Nadel dicht neben den oberen rechten Stich des Mittelkreuzes in den Stoff eingestochen (Abb. 6, Punkt B). Damit ist ein Flügel beendet. Drei weitere Flügel werden um dieses erste Kreuz gearbeitet. Es ist nun das Mittelkreuz eines Neunerblocks. Alle Flügel und alle Flügeleinheiten werden im Uhrzeigersinn gearbeitet. Der zweite Schmetterling beginnt am nächsten noch nicht umsponnenen Kreuz in der mittleren Reihe.

Einfaches Sternenmuster

Man bereitet den Stoff mit drei Reihen unterbrochenem Kreuzstich vor. Das Muster wird um das Mittelkreuz eines Neunerblocks gestickt. Man arbeitet von rechts nach links. In der Mittelreihe sticht man aus, knapp links neben dem oberen rechten Stich des zweiten Kreuzes. Der Faden wird unter den linken Stich des ersten Kreuzes der oberen Reihe geführt und zurück unter den rechten oberen Stich des Mittelkreuzes. Die Fadenführung wird wiederholt und der Faden dicht neben dem rechten oberen Stich des Mittelkreuzes wieder eingestochen. Drei weitere Strahlen werden um dieses erste Kreuz gearbeitet. Es ist damit das Mittelkreuz eines Neunerblocks (Abb. 7). Alle weiteren Strahlen und alle Strahleneinheiten werden im Uhrzeigersinn gearbeitet. Den zweiten Stern beginnt man am nächsten noch nicht umsponnenen Kreuz in der Mittelreihe.

Stern mit kleinem Mittelpunkt

Zuerst stellt man das einfache Sternenmuster her. Dann wird die Nadel knapp rechts neben dem oberen linken Stich des Mittelkreuzes ausgestochen und der Faden zweimal im Uhrzeigersinn unter den vier Kreuzstichen des Mittelkreuzes geführt, bevor er im Ausgangspunkt wieder eingestochen wird (Abb. 8).

Stern mit großem Mittelpunkt

Wieder arbeitet man zuerst das einfache Sternenmuster. Mit der Nadel sticht man dann dicht links neben dem

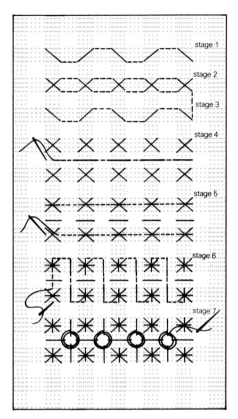

Abb. 11: Die sieben Arbeitsgänge des Schneeflockenmusters.

ersten fertigen Strahl heraus. Zweimal wird der Faden nun unter den Strahlen durchgefädelt, bevor er nach hinten ausgestochen wird (Abb. 9).

Stern mit doppelter Mitte

Man stickt das einfache Sternenmuster mit großem und kleinem Mittelpunkt (Abb. 10).

Das Schneeflockenmuster

Dieses Muster besteht aus nur zwei Reihen Kreuzstichen, der kleine Zwischenstich in der Kästchenmitte wird dabei weggelassen. Das Muster entsteht in sieben verschiedenen Arbeitsgängen (Abb. 11):

1.–3. Arbeitsgang: Man stickt zwei Reihen einfachen Kreuzstich.
4. Arbeitsgang: Es wird nun eine Reihe im Vorstich zwischen den zwei Kreuzstichreihen gestickt. Der Stich wird über die farbigen Kästchen gestickt und soll ein paar Gewebefäden in die weißen Kästchen hereinreichen.
5. Arbeitsgang: Über jede Reihe Kreuzstich wird eine Reihe Vorstiche gearbeitet.
6. Arbeitsgang: Jetzt werden senkrechte Vorstiche über die Mitte jedes Kreuzes gestickt, ebenso über jedes farbige Karo zwischen den Kreuzen.
Letzter Arbeitsgang: Zuletzt wird der Faden zweimal im Uhrzeigersinn unter den vier Vorstichen durchgeführt. Begonnen wird dabei beim oberen rechten Stich. Soll der Mittelring etwas größer werden, wickelt man den Faden dreimal um das Kreuz.

Waschanleitung

Das Schülertuch wird mit der Hand gewaschen und tropfnaß aufgehängt. Wenn es trocken ist, kann es von der Rückseite leicht gebügelt werden.

Tischdecke mit passenden Servietten

Für diese Arbeit wurde das Rosenmuster gewählt. Es läuft als Bordüre um Tischdecke und Servietten. Besonders hübsch macht sich dieses Tischtuch auf einem Eßtisch in der Küche, wenn auch die Küchengardine entsprechend bestickt wurde.

Material

1,5 m Synthetik/Baumwoll-Stoff, 115 cm breit.
1 Knäuel Filetgarn.
Stickzeug, wie auf Seite 81 aufgeführt.
Die fertige Tischdecke mißt 102 cm x 86 cm, die Servietten sind 32 cm x 29 cm groß.

Und so wird's gemacht:

Alle Techniken, die für diese Arbeit benötigt werden, sind auf den Seiten 81 – 84 erklärt.

Die Tischdecke

Für die Tischdecke schneidet man ein Stück Stoff auf 106 cm x 115 cm zu. Man zählt nun ein großes Rechteck auf dem Stoff aus, das 69 farbige Kästchen lang und 51 farbige Kästchen breit ist, und markiert die vier Eckquadrate mit Stecknadeln. Diese markierte Reihe ist nun der obere Rand unserer Stickerei. Genau außerhalb dieses Rechtecks stickt man drei Reihen unterbrochenen Kreuzstich auf den farbigen Quadraten. An jeder Seite muß eine ungerade Zahl von Kreuzstichen entstanden sein. Dann stickt man das Rosenmuster ein, wobei der Faden für die Blütenblätter dreimal unter den Stichen hergefädelt wird.

Die Servietten

Für die Servietten braucht man zwei Stoffstücke, 46 cm x 46 cm groß. Man

Rosenmuster auf Tischdecke und Serviette.

zählt darauf ein Rechteck aus, das 15 x 17 farbige Kästchen groß ist und markiert die Eckquadrate wieder mit einer Stecknadel. Wie bei der Tischdecke arbeitet man das Rosenmuster, wobei der Faden für die Blütenblätter nur zweimal unter den Stichen durchgefädelt wird. Die zweite Serviette wird ebenso gearbeitet.

So werden Tischdecke und Servietten gesäumt:

Zuerst einmal wird der Stoff von der Rückseite gedämpft. Nun zählt man bei der Tischdecke insgesamt 5 Kästchen, von der letzten Stickreihe begonnen, ab und schlägt an dieser Reihe den Saum nach hinten um. Er ist nun so breit, daß er die gesamte Stickerei von unten bedeckt. Mit Saumstichen wird er angenäht. Auch die Servietten werden mit einem Saum versehen. Der Abstand von der letzten Stickreihe bis zum Rand beträgt dabei nur zwei Kästchenreihen.

Duftkissen

Dieses Kissen ist mit dem Schmetterlingsmuster bestickt und mit Wattierung und getrockneten Kräutern ausgestopft worden. Es ist damit nicht nur ein hübsches Schmuckstück für das Zimmer, sondern spendet gleichzeitig aromatischen Duft. Besonders angenehm ist es, wenn man es tagsüber auf seinem Kopfkissen im Schlafzimmer liegen läßt.

Material

0,5 m Synthetik/Baumwoll-Gemisch, 115 cm breit.
1 Knäuel Filetgarn.
1 m gebleichte Baumwollfüllung, 90 cm breit.
Getrocknete Kräuter wie Lavendel, Lorbeerblätter und Salbei oder süßlich riechende Blumenblüten.
Stickzeug, wie auf Seite 81 aufgezählt.
Das Kissen ist 32 cm x 25 cm groß.

Und so wird's gemacht:

Alle Techniken, die für dieses Kissen benötigt werden, sind auf den Seiten 81 – 84 erklärt.
Es werden zwei Stoffstücke in den Maßen 29 cm x 37 cm zugeschnitten. Auf dem einen Stoffteil zählt man ein Rechteck aus 15 x 11 farbigen Quadraten aus und markiert die jeweiligen Eckquadrate mit Stecknadeln. Gleich außerhalb dieses Rechtecks werden drei Reihen unterbrochener Kreuzstich gearbeitet. Darauf stickt man das Schmetterlingsmuster. Der Faden für

Das Aromakissen erhält durch das aufgestickte Schmetterlingsmuster die besondere Note und ein interessantes Aussehen.

jeden Flügel wird dabei zweimal unter den Stichen hergeführt. An den beiden kurzen Seiten bleiben zwei leere weiße Kästchen übrig.

So wird das Kissen fertiggestellt:

Vom Ende des Musters bleibt rundherum ein Rand von vier Kästchen stehen, dort wird der restliche Stoff nach hinten umgeschlagen. Das zweite Stück Stoff wird daruntergelegt und der Kissenbezug an drei Seiten zusammengenäht. Eine Seite bleibt für das Ausstopfen offen. Von der Wattierung schneidet man 15 cm von der Breite ab. Den Rest faltet man zweimal zur Hälfte und näht durch alle vier Lagen entlang dreier Kanten die Füllung aufeinander. Die verschiedenen Kräuter packt man zwischen die einzelnen Lagen und steckt dann alles zusammen in den Kissenbezug. Zuletzt werden Füllung und Kissen mit Überwendstichen zugenäht.

Sommertasche

Diese bunte Sommertasche ist mit den verschiedenen Formen des Sternenmusters bestickt.

Material

0,5 m   Synthetik/Baumwoll-Gemisch, 90 cm breit.
1 Knäuel Filetgarn.
1 Paar Taschentragegriffe aus Holz.
0,5 m weißer Stoff, 90 cm breit als Futter.

Zubehör für das Sticken, wie auf Seite 81 aufgeführt.
Ohne Tragegriffe mißt die fertige Tasche 33,5 cm x 41 cm.

Und so wird's gemacht:

Alle Techniken, die für diese Arbeit benötigt werden, sind bereits auf den Seiten 81 – 84 erklärt.
Der Stoff wird auf 81 cm x 46 cm zugeschnitten und zur Hälfte gefaltet. Die mittlere weiße Kästchenreihe wird entlang der Knickkante mit einem farbigen Faden als Markierung abgenäht. Von dieser Mitte zählt man zwei farbige Kästchenreihen weiter, von da wird mit der Stickerei begonnen: Man stickt sieben Reihen im unterbrochenen Kreuzstich. Jede Reihe besteht dabei aus 25 Kreuzen, die links und rechts gleich weit von der Kante entfernt sind. Das Ausfüllen der Stiche beginnt im untersten rechten Neunerblock. Man arbeitet nacheinander folgende Muster, wobei der Faden für jeden Strahl zweimal unter den Stichen durchgezogen wird:
1. Reihe: Stern mit großem Mittelpunkt.
2. Reihe: Stern mit doppeltem Mittelpunkt.
3. Reihe: Stern mit großem Mittelpunkt
Danach läßt man eine Reihe farbiger Kästchen frei und stickt in der folgenden Reihe drei Reihen im unterbrochenen Kreuzstich und arbeitet darauf den Stern mit dem kleinen Mittelpunkt. Die Rückseite der Tasche arbeitet man gegengleich.

Und so wird die Tasche fertiggestellt:

Der Stoff wird von links gedämpft. Den Futterstoff, den man auf 81 cm x 46 cm zugeschnitten hat, legt man mit der rechten Seite auf die rechte Seite des Karostoffes und heftet die beiden Teile zusammen. Dann näht man drei Seiten zu, wendet den Stoff und schließt mit Überwendstichen die letzte Naht. Alle Säume werden gebügelt. Mit Vorstichen, ca. 1 cm von der oberen schmalen Kante entfernt, wird sie gekräuselt, bis sie schmal genug für die Tragegriffe ist. Der Stoff wird dann durch die Schlitze der Tragegriffe gesteckt und auf der Rückseite durch alle Lagen hindurch festgenäht. Nun sitzt der Griff fest und kann nicht mehr verrutschen. Bevor man den zweiten Griff ebenso annäht, kontrolliert man noch einmal, ob die anfangs markierte Kästchenreihe noch genau im unteren Knick liegt. Hat sie sich verschoben, kann man es jetzt noch leicht beim Annähen des zweiten Griffes ausgleichen. Dann kann man den Markierungsfaden entfernen, die Tasche auf links drehen und beide Seitennähte schließen. 18 cm, von den Tragegriffen aus gemessen, bleiben dabei offen, damit man die Tasche leicht bepacken kann.

Schürze für große und kleine Kochkünstler

Das Schneeflockenmuster auf dieser bezaubernden Schürze unterstreicht die weißen Kästchen des Stoffes, und es vermittelt den Eindruck, als seien Bordüren auf die Schürze aufgesetzt worden. Hübsch sieht dieses Muster auch auf einem Kleidchen oder Sommerrock aus.

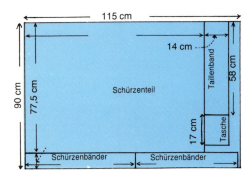

Abb. 12: Schnitt für die Schürze.

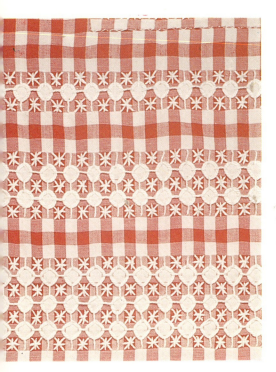

Material

90 cm Synthetik/Baumwoll-Gemisch, 155 cm breit.

1 Knäuel Filetgarn.
Stickzeug wie auf Seite 81 aufgezählt.
Die fertige Schürze ist inclusive Taillenband 66 cm lang. Das Taillenband ist ohne Bänder 53 cm lang.

Und so wird's gemacht:

Alle Techniken, die für diese Arbeit benötigt werden, sind bereits auf den Seiten 81 – 84 beschrieben.
Nach Abb. 12 schneidet man den Stoff zu. Die Stickarbeit an der Schürze beginnt in der 18. Reihe farbiger Kästchen, von unten an gezählt. Als Rand links und rechts bleiben je drei farbige Kästchenreihen stehen. Man stickt das Schneeflockenmuster zuerst über vier Reihen, dann läßt man eine farbige Kästchenreihe aus und stickt das Muster über drei Reihen. Wieder läßt man eine Reihe Kästchen stehen und stickt zuletzt eine Reihe im Schneeflockenmuster. An diese Reihe anschließend arbeitet man das Muster an den beiden Seiten der Schürze hoch.
Das Taillenband wird als nächstes bestickt. Dazu faltet man es der Länge nach zur Hälfte, gleich hinter einer Reihe weißer Kästchen. Von da ab werden vier Reihen im Schneeflockenmuster gearbeitet, wobei der Saum nicht mit eingestickt werden darf. Die Reihe mit den weißen Kästchen oben am Stoffknick bleibt als Rand stehen. Die Schürzentasche wird an drei Seiten mit dem Schneeflockenmuster versehen, dabei bleiben eine weiße und eine farbige Kästchenreihe vom Rand übrig.

Und so werden die Teile zusammengenäht:

Zuerst einmal wird alles gebügelt. Dann wird der Saum an den Seiten der Schürze umgebogen, so daß er die Stickerei von unten bedeckt, und festgenäht. Der untere Saum wird so weit umgelegt, daß auf der rechten Seite noch drei Reihen weiße und drei Reihen farbige Kästchen stehen bleiben, dann wird er festgenäht. Bei der Tasche wird oben eine Kästchenreihe umgenäht, dann werden die drei Seiten mit einer Kästchenreihe als Saum auf die Schürze gelegt und aufgenäht. Die Tasche befindet sich drei Reihen über der letzten bestickten Reihe der Schürze, etwa 18 cm vom Rand entfernt.
Die obere Kante, wo das Taillenband aufgenäht wird, wird auf 53 cm gekräuselt. Dann das Taillenband mit der rechten Seite nach unten auf das Gekräuselte gelegt, aufgenäht und wieder zur Hälfte gefaltet. Mit einem Saum von 12 mm wird es auf der Rückseite festgenäht. Jetzt fehlen nur noch die Bänder: Sie werden an zwei langen und einer kurzen Seite gesäumt und mit der unversäuberten kurzen Seite an das Taillenband genäht. Damit ist die Schürze fertig und muß nur noch ein letztes Mal gebügelt werden.

Die Schürze wurde reichlich mit dem Schneeflockenmuster bestickt, die Sommertasche mit den verschiedenen Formen des Sternenmusters.

Metallfaden-Stickerei

Das Sticken mit Metallfäden war in der Vergangenheit, vor allem im 15. und 16. Jahrhundert, weit verbreitet. Besonders für sakrale Gewänder und Gegenstände, aber auch für die prachtvollen Roben der weltlichen Fürsten wurde diese Stickerei angewendet. Italien, Spanien, Deutschland, die Niederlande, England und der Ferne Osten gehören zu den Ländern, in denen die Metallfadenstickerei wahre Blütezeiten erlebte. Auf alten Gemälden kann man die farbenprächtigen Gewänder, reich mit Metallfäden und Perlen bestickt, bewundern. Oft kann man auch heute noch in chinesischen Restaurants an der Dekoration bzw. Einrichtung sehen, wie stark das Interesse an Metallfädenstickerei in früheren Jahrhunderten im Fernen Osten war.
Heutzutage wird die Goldfadenstickerei neben Herstellung sakraler Gegenstände auch noch für Uniformen und Vereinsfahnen verwendet.
Früher nahm man dafür reine Metalle, also Gold und Silber, heute jedoch sind diese zu kostbar und werden durch Metallfäden dieser Farben ersetzt. Das ist wesentlich preiswerter und nicht weniger effektvoll. Der Hauptfaden wird nur sehr selten direkt gestickt. Er wird entweder durch ein Loch, das man mit Hilfe einer Ahle in den Stoff sticht, zur Vorderseite gezogen, wo man ihn in der gewünschten Form in gleichmäßigen Abständen mit einem seidenen Faden annäht, oder direkt auf die rechte Seite des Stoffes gelegt und aufgenäht.

Was man für die Metallfadenstickerei braucht

Ein **Rahmen** ist wichtig, um die Arbeit straff zu halten. Ideal ist der Rahmen einer Schiefertafel oder ein Bilderrahmen, wie ihn Maler verwenden.
Sticknadeln verschiedener Stärke.
Eine Rolle **Zwirn,** um den Spannstoff an den Rahmen zu nähen.
Filz zum Auspolstern der Stickerei.
Ein **Samtbrett** 12 cm² groß (Brettchen oder starke Pappe mit einem Stück Samt beklebt), um den Spiraldraht darauf zu schneiden.

Verschiedene Arten von Metallfäden: Fäden, bei denen ein Seidenfaden oder ein anderes einfaches Garn vom Metallfaden umhüllt ist; Kordelgarn, bei dem ein Faden um einen anderen herumgedreht ist; Twist, als Zwei-Strähnen-Garn, und Twist, der aus vielen Strähnen wie ein Kabel zusammengedreht ist. Spiralfäden müssen

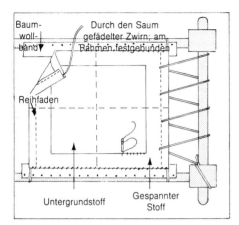

Abb. 1: Das Spannen auf einen Rahmen.

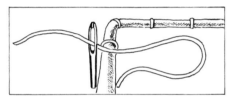

Abb. 2: Der Schnurstich.

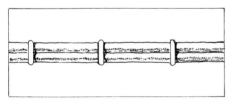

Abb. 3: Der Schnurstich mit zwei Fäden gleichzeitig.

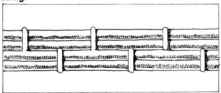

Abb. 4: Versetzter Schnurstich.

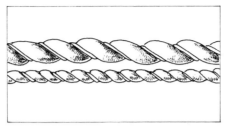

Abb. 5: Annähen gedrehter Fäden.

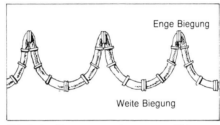

Abb. 6: Annähen von geschwungenen Fäden.

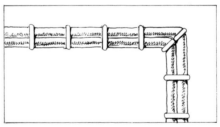

Abb. 7: Annähen der Ecken.

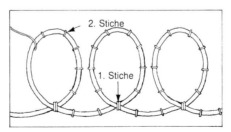

Abb. 8: Aufnähen von Fadenschlingen.

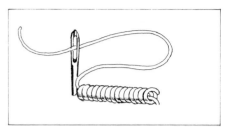

Abb. 9: Aufnähen einer Röhrchenperle.

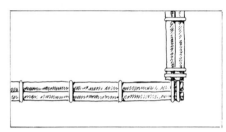

Abb. 10: Festnähen der Fadenenden.

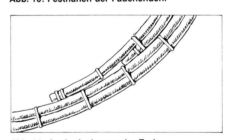

Abb. 11: Auslaufenlassen der Enden.

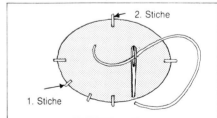

Abb. 12: Aufnähen der Filz-Polsterung.

etwas aufgedreht werden, damit die Nähseide beim Festnähen zwischen die Spiralwindungen rutschen kann. Es gibt eine Menge Spiralfäden, die innen hohl sind, eine Art „Perle am Stück", die verschiedenartige Oberflächenstrukturen aufweisen. Werden sie in Stücke geschnitten, kann man sie wie Perlen verarbeiten.

Außerdem eigenen sich alle möglichen Kordeln und Garne; z.B. solche, mit denen man Lampenschirme verziert; solche, die man zum Stricken und Häkeln verwendet, oder Geschenkbänder. Das kann manchmal sehr effektvoll wirken. Silberfäden und -spiralen gibt es in den gleichen Qualitäten wie die goldenen.

Um die Metallfäden anzunähen, nimmt man **Nähseide,** Synthetikgarn oder Stickgarn.

Der **Stoff** für den Untergrund sollte kräftig und glatt sein, damit er die Fülle der Metallfäden trägt. Möbel- oder Gardinenstoffe sind am besten geeignet.

Zu den Dingen, die man außerdem für diese Arbeit benötigt, gehört eine luftdicht zu verschließende Schachtel, um darin die Metallfäden aufzubewahren, damit sie nicht anlaufen; eine Schere, möglichst eine alte, die es verträgt, daß man mit ihr Metall schneidet; Wachs; eine Pinzette; ein Bleistift, Reißzwecken, Pauspapier und Heftgarn.

Grundtechnik
Montage

An zwei sich gegenüberliegenden Seiten des Rahmens wird mit Reißzwecken ein Streifen Naht- oder Teppichband angebracht. Ein Baumwollstoff wird straff auf den Rahmen gespannt; an zwei Seiten mit Überwendstichen an die Bänder genäht, an den beiden anderen mit Zwirn um den Rahmen herum angenäht und straff gezogen. Auf diesen Spannstoff wird der Untergrundstoff aufgenäht. Beide Stoffe müssen so straff gespannt sein wie das Fell einer Trommel. Die Mittellinien beider Richtungen werden mit Heftstichen markiert (Abb. 1).

Übertragen des Musters

Mit einem harten Bleistift wird das Muster auf ein Pauspapier gezeichnet. Das Papier wird in richtiger Position auf den Untergrundstoff gesteckt und die Umrisse des Motivs mit Heftstichen (durch beide Stoffe) nachgenäht. Die Stiche sind auf der Rückseite kurz und auf der Vorderseite länger. Bei den Kurven sind alle Stiche klein, damit das Motiv möglichst genau übertragen wird. Danach fährt man mit dem Nadelöhr die Heftnaht entlang, um das Papier einzuritzen. Man kann es dann ganz leicht abreißen. Das Motiv ist durch die Heftstiche auf dem Untergrundstoff gut sichtbar.

Elegante Abendtasche, mit dem Monogramm des Besitzers bestickt.

Abb. 13: Schema für Anfangsbuchstaben.

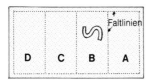

Abb. 14: Platz für den Buchstaben.

Das Aufnähen

Die Metallfäden werden auf den Stoff placiert und mit einem Schnurstich aufgenäht (Abb. 2). Nach jeweils drei Stichen wird der Faden durch Bienenwachs gezogen, um ihn gegen die Reibung am Metallfaden widerstandsfähig zu machen und ein Verknoten zu verhindern. Wenn der Metallfaden zu Ende festgenäht ist, wird der Aufnähfaden auf die Rückseite des Stoffes geführt und mit einem kleinen Stich vernäht. Am Anfang und Ende eines Metallfadens werden zwei Schnurstiche dicht nebeneinander gesetzt. In jeder anderen Position haben sie einen Abstand von 2,5 cm. Nachdem der letzte Schnurstich genäht und der Faden auf der Rückseite mit einem kleinen Stich befestigt ist, wird der Metallfaden auf die Rückseite des Stoffes gesteckt.

Über glatte Metallfäden wird der Schnurstich nicht schräg, sondern genau im rechten Winkel zum Metallfaden genäht; und zwar über zwei parallel liegende gleichzeitig (Abb. 3). Auch der versetzte Schnurstich wird rechtwinklig über 2 Metallfäden genäht; in der darauffolgenden Reihe setzt man genau in die Zwischenräume (Abb. 4). Wenn gedrehte oder spiralförmige Fäden aufgenäht werden, so ist der Winkel für den Schnurstich entsprechend der Drehung des Garns, der Nähfaden wird also in der Windung versenkt. Verwendet man dicke oder mittelstarke Kordel, wird in jede Windung genäht, bei dünnerer genügt es, jede zweite Windung zu umstechen (Abb. 5). Auf der vollendeten Arbeit sind diese Stiche kaum zu sehen. Es ist zweckmäßig, Spiralfäden etwas auseinanderzuziehen, bevor man sie aufstickt. Das geht am besten, wenn man ein Ende zwischen die Schere klemmt und das andere mit den Fingern der anderen Hand wegzieht.

Kurven sticken

Um eine enge Kurve zu sticken, müssen die Schnurstiche sehr eng gesetzt werden, besonders um die Wendung des eingelegten Fadens herum. Sowohl die offene, als auch die geschlossene Kurve wird mit einem Doppelschnurstich in ihrer Position befestigt (Abb. 6). Eine scharfwinklige Ecke stickt man am besten, indem man den Metallfaden mit der Pinzette in Form drückt. Bei einer rechtwinkligen Ecke eines Doppelfadens wird zuerst der außenliegende Faden in Form gebracht und mit einem Schnurstich angenäht. Danach verfährt man mit dem inneren genauso (Abb. 7). Wenn man Schleifen arbeitet, näht man zuerst einen doppelten Schnurstich an der Stelle, wo sich die beiden Metallfäden kreuzen, dann an der gegenüberliegenden Stelle um die Figur zu fixieren. Danach werden die Schnurstiche fortlaufend genäht (Abb. 8).

Spiralfadenstücke und Perlen

Den Spiralfaden schneidet man am zweckmäßigsten über dem Samtbrett, weil dabei die kleinen Stücke auf dem Samt liegenbleiben und nicht davonrollen. Angenäht werden die Spiralstücke und auch die Perlen folgendermaßen: Der Nähfaden wird auf die Oberseite der Arbeit gestochen, die Nadel wird durch das Loch der Spirale oder Perle gefädelt, die Nadel zurück auf die Innenseite des Stoffes gestochen, die Spirale oder Perle wird in die richtige Position gebracht, und auf der Rückseite wird ein kleiner Fixierstich genäht (Abb. 9).

Anfang und Ende der Metalleinlegfäden verbindet man so: Die Metallfäden werden so abgeschnitten, daß sie genau an die Anfänge anschließen. Dann befestigt man die Enden genau wie die Anfänge mit einem doppelten Schnurstich. Auf der Rückseite werden 2 oder

3 kleine Befestigungsstiche genäht, und zwar so dicht wie möglich an den Schnurstich heran (Abb. 10).

Wenn der aufzunähende Metallfaden in einer Kurve zu Ende geht, werden die Enden von Doppelfäden unterschiedlich lang abgeschnitten und jeweils mit einem doppelten Schnurstich angenäht. Der innere Faden bleibt dabei länger als der mittlere, weil dies einen gleichmäßigen Übergang ergibt (Abb. 11).

Um eine Form auszupolstern, schneidet man 2 oder 3 Lagen Filz dieser Form zu. Die unteren Lagen werden geringfügig kleiner als die oberen geschnitten. Das kleinere Stück Filz wird nun in die richtige Position gebracht und fixiert. Darüber kommt das größere. Zunächst wird an den 4 gegenüberliegenden Seiten jeweils ein größerer Schnurstich genäht, damit gewährleistet ist, daß alle Lagen Filz erfaßt sind. Danach werden die dazwischenliegenden, etwas kürzeren Stiche, genäht (Abb. 12).

Unterarmtasche

Diese leicht zu arbeitende Unterarmtasche ist mit der Initiale des Eigentümers verziert. Bei unserem Beispiel ist es ein „S". Es kann durch jeden anderen Buchstaben ersetzt werden.

Material

Untergrundstoff 51 cm x 31 cm.
Futterstoff der gleichen Größe.
Nähseide zum Aufnähen der Metallfäden.
Nähgarn farblich zum Stoff passend.
Goldfarbene Perlen.
Bronzefarbene Perlen.
Kleine Stücke Filz.
Zwischenfutter (Vlieseline) 48 cm x 28 cm.
Steife Einlage 28 cm x 16 cm.
Heftgarn.
Zubehör für das Sticken mit Metallfäden wie auf Seite 90 aufgeführt.
Die fertige Tasche mißt 28 cm x 16 cm. Der Buchstabe ist 11 cm hoch.

Und so wird's gemacht:

Die Grundtechnik, die für diese Tasche benötigt wird, ist bereits auf den Seiten 93 – 95 erklärt.
Der Untergrundstoff wird auf den Rahmen gebracht. Aus der Vorlage (Abb. 13) sucht man den passenden Buchstaben aus, vergrößert ihn auf eine Höhe von 11 cm auf das Pauspapier, placiert ihn auf den Untergrundstoff, wie in Abbildung 14 gezeigt wird, und überträgt ihn.

Und so wird gestickt:

Die ersten 4 Metallfäden schneidet man auf eine Länge, die sich errechnet aus der Länge der Umrißlinie des Buchstabens plus 10 cm.
Die ersten beiden Fäden: Am Beginn bleiben 5 cm der Metallfäden hängen. Entlang der Umrißlinie des Buchstabens und der Schattenlinie werden 2 Fäden parallel mit dem Schnurstich angenäht. Am Ende wird jeweils mit den beiden parallellaufenden Fäden ein Überhandknoten gebunden (Abb. 15).
Man fährt fort auf diese Weise Doppelfäden aufzunähen, bis in der Mitte ein schmaler Streifen für eine Perlenreihe freibleibt. Nun werden die Perlen angenäht. Die verknoteten Enden werden bis auf 2 cm abgeschnitten. Für den Schatten schneidet man 2 Stücke Filz, die diese Fläche genau ausfüllen, und paßt sie ein. Diese Filzflächen werden dicht mit Perlen besetzt.

Abb. 15: Aufbringen der 1. vier Fäden.

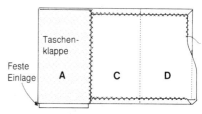

Abb. 16: Fertigstellen der Tasche

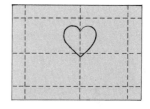

Abb. 17: Die Stelle, an der das Herz aufgenäht wird.

Abb. 18: Anordnung der Silberfäden.

So ein Nadelkissen ist ein hübsches kleines Mitbringsel, besonders wenn eine Nachricht oder ein Gruß darauf gestickt wird.

Diese gestickte Kette ist mal etwas anderes als die herkömmlichen Schmuckstücke und sieht sehr elegant aus.

Fertigstellung

Das Werkstück wird vom Rahmen gelöst. Es wird auf die rechte Seite gelegt, so daß die linke Seite oben ist. An den Längsseiten wird mit Hexenstich ein schmaler Saum (1,5 cm) gearbeitet. Das Zwischenfutter wird auf die richtige Größe geschnitten. Das Futter wird auf das Zwischenfutter und beides zusammen auf die linke Seite der Tasche gelegt und festgesteckt. Die rechte Schmalseite der Tasche wird nun mit Hexenstich so gesäumt, daß an dieser Seite Futter und Zwischenfutter erfaßt werden. Jetzt wird von unten die steife Einlage eingeschoben (Abb. 16). Die beiden offenen Kanten werden mit Hohlstich zusammengenäht. Teil D wird auf Teil C geklappt und mit Überwendstichen an den Schmalseiten zusammengenäht.

Nadelkissen

Silberfäden, Pailletten, Perlenborten und ein Muster oder Schriftbild, gesteckt aus Stecknadeln mit Zierköpfen, machen dieses Nadelkissen zu einem bezaubernden Geschenk.

Material

2 Stücke Stoff für den Untergrund, jedes 24 cm x 17 cm.
Innenfutter aus Baumwolle, das die Sandfüllung umschließt, jedes 21 cm x 14 cm.
700 g feiner, trockener Sand.
Stecknadeln, 14 mm lang, mit Zierköpfen.

Silberne Spiralfäden in unterschiedlichen Längen und unterschiedlicher Oberfläche (glänzend – stumpf).
1 m Silberkordel aus glänzendem und stumpfen Garn zusammengedreht.
1 m Silberfaden.
14 x 5 mm große Pailletten.
4 x 8 mm große Pailletten.
50 Silberperlen.
Heftgarn, Nähgarn, Nähseide.
Zubehör für das Sticken mit Metallfäden, wie auf Seite 90 aufgezählt.
Das fertige Nadelkissen ist 24 cm x 17 cm groß; das Muster mißt 18 cm x 11 cm.

Und so wird's gemacht:

Die Techniken, die für diese Arbeit benötigt werden, wurden bereits auf den Seiten 93 – 95 erklärt.
Der Untergrundstoff wird auf den Rahmen gespannt. Man schneidet sich eine Herzschablone aus, zeichnet die Umrisse auf das Pauspapier und überträgt sie mit Heftstichen auf den Untergrundstoff (Abb. 17). Mit der gleichen Schablone zeichnet man 3 Herzen auf Filz. Eines davon schneidet man rundherum 6 mm kleiner aus, das zweite 3 mm kleiner und das dritte bleibt in der Größe. Diese 3 Formen werden nun übereinandergelegt, das kleinste als unterstes und in der Markierung des Untergrundstoffes befestigt.

Und so wird gestickt:

Die Spiralfäden werden auf dem Samtbrett in 3 mm lange Stücke geschnitten. In der Mitte des Herzens werden diese Stücke im Schachbrettmuster aufgenäht. Umrandet wird das Muster mit dickeren Spiralfädenstücken von 4 mm Länge. Die restliche Fläche wird gefüllt mit Spiralfädenstücken die noch dicker sind und unterschiedliche Oberflächen haben und in Längen von 1 mm bis 7 mm geschnitten wurden (Abb. 18).
Die äußere Linie der Umrandung wird mit der Silberkordel gebildet. Man beginnt an der rechten unteren Ecke und geht an der rechten Seitenkante einmal um die ganze Arbeit, bis Anfang und Ende sich in der rechten unteren Ecke wieder treffen. Die zweite Reihe wird mit dem Silberfaden ausgeführt und zwar außen dicht neben der ersten Runde. Die Enden werden befestigt. Die dritte Runde wird als Wellenlinie, die 2 cm über den ersten beiden Fäden ausschlägt, gebildet; wieder mit der Silberkordel. Man beginnt in der rechten unteren Ecke mit einem Kreis von 1 cm ø, geht in Wellenlinien weiter bis zur linken unteren Ecke, wo wieder ein Kreis gebildet wird. An den anderen Seiten werden Schleifen gelegt; rechts und links kleinere, an der oberen Kante größere und über dem Herz eine kleine. Die Enden werden befestigt.

Fertigstellung

Die Arbeit wird vom Rahmen genommen. Beide Stoffstücke werden links auf links genau aufeinandergelegt und an drei Seiten zusammengenäht. Die Naht wird genau zwischen die beiden Metallfädenrunden gesetzt. Aus dem Futterstoff wird ein Sack genäht, in den der Sand gefüllt wird. Der Sandsack wird in den Bezug gesteckt und die vierte Seite des Bezugs zugenäht. In jede Ecke des Kissens wird eine große Paillette gebracht, indem man auf eine Stecknadel eine Perle aufspießt und dann durch die Paillette in das Kissen sticht. In den Schleifen werden auf die gleiche Weise die kleinen Pailletten angebracht. So wird das Perlenmuster vervollständigt. Als Vorlage dient die Abbildung unseres Modells. Nun überlegt man, welches Motiv man im Mittelteil anbringen will. Bei Geschriebenem muß man darauf achten, daß die Buchstaben symmetrisch sind. Das geht ganz leicht, wenn man ein Pauspapier der entsprechenden Größe nimmt, den ersten und letzten Buchstaben aufschreibt, es zur Hälfte faltet und dann den zur Verfügung stehenden Platz auf die übrigen Buchstaben aufteilt. Man zeichnet sie auf das Pauspapier, legt es auf dem Kissen in Position und steckt mit Stecknadeln das Schriftbild nach. Das Pauspapier läßt sich leicht herausreißen, wenn man die Nadeln recht eng gesteckt hat. Zum Schluß wird der Stoff rundum 1,5 cm ausgefranst.

Halsband

Das Halsband besteht aus verschiedenen Medaillons, die auf einer Zierkordel aufgebracht sind. Die Medaillons sind aus Resten von Gold, Silber und Perlen hergestellt. Der Untergrund ist Seide in einem Schachbrettmuster. Die Medaillons werden so aufgestickt, daß der Farbwechsel genau in der Mitte ist. Die Glasperlen lassen den Farbwechsel durchscheinen und reflektieren ihn so am schönsten. Die Medaillons können auch zu einem Armband verarbeitet werden oder ganz individuell als Anstecknadel an Kleidern.

Material

2 Stränge Seidenkordel in gut zusammenpassenden Farben.
Reste von Gold-, Silber- und Lackfäden, Perlen.
Steifer Karton.
Filz.
Nähgarn.
Heftgarn.
Bleistifte.
Zubehör für das Sticken mit Metallfäden wie auf Seite 90 aufgezählt.
Jedes Medaillon hat einen Durchmesser von 3 cm.

Und so wird's gemacht:

Alle Techniken, die für diese Kette benötigt werden, wurden bereits auf den Seiten 93 – 95 erklärt.
Der Untergrundstoff wird auf den Rahmen gespannt. Darauf werden 5 Kreise mit einem Durchmesser von 5 cm gezeichnet und die Umrißlinien mit Heftstichen markiert.

So wird gestickt:

Äußere Medaillons: Mit Lackfäden beginnt man an der Umrißlinie und arbeitet 6 Runden im versetzten Schnurstich. Die Enden werden befestigt. Der freie Mittelraum wird mit Perlen gefüllt.
Zweites und viertes Medaillon: Hier verwendet man für die äußere Runde zwei unterschiedliche Fäden gleichzeitig; einen goldenen und einen silbernen. Die Enden werden nicht befestigt. Die zweite Runde wird aus Perlen gestaltet. So wird weitergearbeitet, abwechselnd eine Runde Gold-, Silberfäden, eine Runde Perlen, bis das Medaillon gefüllt ist. In der Mitte werden die Fadenenden befestigt.
Mittleres Medaillon: Es wird gearbeitet wie die vorhergehenden, jedoch verwendet man einen doppelten Goldlackfaden und Goldmetallperlen.

Fertigstellung

Die Arbeit wird vom Rahmen genommen. Der Untergrundstoff wird bis auf einen Rand von 6 mm um die Stickerei herum abgeschnitten. 3 mm von der Kante entfernt wird ein Faden eingezogen, der den Stoff etwas einhält. Man schneidet aus steifem Karton Kreise von 3 cm Durchmesser und legt sie jeweils auf die Rückseite der Medaillons. Der einhaltende Faden wird dichtgezogen und befestigt. Auf die Rückseite der Medaillons werden nun Filzstücke, die rundherum 1 mm kleiner sind als die Medaillons, aufgenäht. Die beiden Strähnen Seidenkordel werden zusammengeknotet, so daß ein Kreis entsteht. Man nimmt 2 Bleistifte, steckt sie in die Schlaufen und dreht damit die Strähnen zu einer festen Kordel (Abb. 19). Wenn genug gedreht ist, legt man die Kordel zur Hälfte und läßt sich die beiden Enden umeinanderdrehen. Die Enden werden mit einem Überhandknoten versehen und die Medaillons aufgebracht. Dazu näht man auf die Rückseite eines jeden Medaillons, nahe der oberen Kante eine senkrechte Schlaufe. Die Kordel wird durchgezogen. Das Halsband wird mit Knoten und Schleife im Nacken geschlossen. Will man ein Armband herstellen, werden die Schlaufen genau in der Mitte angebracht.

Abb. 19: Drehen der Kordel.

Fotorahmen

Unser Beispiel ist ein ovaler Rahmen, jedoch kann genauso gut ein kreisrunder verwendet werden. Die Herstellung ist extrem einfach, weil kontinuierlich eine Runde Metallfaden nach der anderen aufgenäht wird. Einmal wird eine wellenförmige Linie gelegt, und, um die Arbeit noch interessanter und abwechslungsreicher zu gestalten, werden einige Perlen eingenäht.

Material

1 Bilderrahmen, der an der Innenseite an der weitesten Entfernung 17 cm mißt.
1 Hartfaserplatte, genau in den Bilderrahmen passend.
Brauner Karton als Hintergrund.
Hintergrundstoff passend zum Rahmen.
2 m Goldfaden vierfach gedreht.
1 m Goldlackfaden.
1 m zweifachgedrehte Goldkordel.
1 m Goldfaden.
1 m Goldkordel zweifachgedreht aus unterschiedlichem Material (glänzend und stumpf).
Spiralfäden in 2 verschiedenen Stärken.
3 Dutzend kleine goldene Perlen.
Nähseide.
Nähgarn.
Heftgarn.
Zubehör für das Sticken mit Metallfäden wie auf Seite 90 aufgezählt.
Der Stickrand ist 4 cm breit.

Und so wird's gemacht:

Alle Techniken, die für diesen Bilderrahmen benötigt werden, wurden bereits auf den Seiten 93 – 95 erklärt. Der Untergrundstoff wird auf den Rahmen gebracht. In die Hartfaserplatte wird ein Loch gesägt, so daß ein Rahmen von 4 cm Breite stehen bleibt. Jetzt legt man den Bilderrahmen auf Pauspapier und fährt mit dem Stift an der inneren Kante entlang. Diese Linie wird auf den Untergrundstoff mit Heftstichen übertragen. Auch die Mittellinien werden auf diese Weise übertragen.

So wird gestickt:

Die Länge für den Anfangsfaden ermittelt man so: 16 mal der Umfang der äußeren Kante des Stickmusters plus 2,5 cm. Man legt den Faden zur Hälfte und beginnt, an der äußeren Heftlinie um den doppelt genommenen Faden einzelne Schnurstiche im Abstand von 5 mm zu nähen. Es folgen 7 Runden versetzte Schnurstiche, so daß im ganzen 8 Runden fertig sind. Es folgt eine Runde mit Spiralfäden. Für die nächsten Runden legt man den Lackfaden 8 mal locker um den Innenrand und gibt 2 cm dazu. Man legt den Faden doppelt wie vorher auch und arbeitet vom Innenrand her 4 Runden nach außen. Jetzt wird eine Runde die doppelt gedrehte Goldkordel, dann 5 Runden der Goldfaden, 2 Runden die zweifarbig gedrehte Goldkordel und 1 Runde der Spiralfaden aufgenäht. Mit einem doppelt gelegten Lackfaden wird eine Wellenlinie zwischen die beiden Runden Spiralfäden gelegt. In jede Innenkurve wird eine Perle eingenäht. Die Enden werden gut befestigt.

Fertigstellung

Die Arbeit wird vom Rahmen genommen. Der Untergrundstoff wird 4 cm neben der äußeren Heftlinie abgeschnitten. Das Innenstück wird 1,5 cm vom Innenrand der Stickerei entfernt ausgeschnitten. Dieser Rand wird in Abständen bis dicht an den letzten aufgenähten Goldfaden eingeschnitten, so daß man den Stoff als Umschlag auf die linke Seite stülpen kann (Abb. 20). Auf die Bruchkante wird ein Goldfaden aufgenäht. In einer Entfernung von 1,5 cm vom Außenrand der Stickerei wird ein Heftfaden eingenäht.

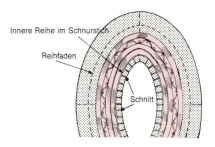

Abb. 20: Die Position der Fäden auf dem Unterstoff.

Nun legt man die Stickerei über den Hartfaserrahmen und zieht den Reihfaden fest. Die Enden werden mit kleinen Stichen befestigt. Die Stickerei wird jetzt in den Bilderrahmen gelegt. Man schneidet den braunen Karton so zu, daß er mit dem äußeren Rand des Rahmens abschließt bzw. 1 mm kleiner ist. Das Foto bringt man genau in der Mitte des Kartons an und klebt das Ganze an die Rückseite des Rahmens.

Wer möchte nicht so „goldig" verewigt werden? Ein attraktiver Bilderrahmen für seine Lieben.

Stoffdruck im Siebdruckverfahren

Drucken im Siebdruckverfahren heißt, durch ein maschenartiges Gewebe, eben das Sieb, Farbe auf einen Untergrund zu drücken. Einige Teile des Siebes werden dabei abgedeckt, so daß Formen und Muster entstehen.
Erfunden wurde die Siebdrucktechnik in Japan, wo sie seit Jahrhunderten zum Bedrucken von Stoffen gebräuchlich ist. In Europa hat sich diese Drucktechnik erst in diesem Jahrhundert durchsetzen können. Das Verfahren, mit dem sich auch Papier, Holz, Glas und Kunststoff bedrucken läßt, wird heutzutage fast nur noch maschinell angewandt. Mit etwas Geschick und Einfalllsreichtum kann man im kleineren Rahmen auch zu Hause drucken. Dabei arbeitet man **am besten zu zweit.**

Was man für die Siebdrucktechnik braucht

Man benötigt einen **Druckrahmen,** der entweder aus Holz oder Metall gearbeitet ist. Das Holz für den Rahmen muß gut abgelagert sein und darf keine Astlöcher aufweisen, damit es sich später nicht verzieht. Gut dafür geeignet sind Nadelhölzer. (Wie man einen Rahmen zusammenbaut, ist auf Seite 136 genau erklärt).

Zum Zusammenfügen der Holzleisten braucht man **Holzleim** und **Tischlerwerkzeuge.** In Fachgeschäften gibt es aber auch fertige Rahmen zu kaufen.

Das **Sieb,** durch das die Farbe auf den Stoff aufgetragen wird, kann aus Seide, Nylon, Perlon oder feinem Drahtgeflecht gefertigt sein. Die Netzdichte richtet sich dabei nach der Feinheit des zu bedruckenden Stoffes. Je feiner der Stoff, desto feiner sollte auch das Sieb sein.

Die **Rakel** ist eine Art Spachtel, mit der die Farbe durch das Netz auf den Stoff gedrückt wird. Sie hat einen breiten Holzgriff, in den unten ein fester Gummistreifen eingelassen ist. Die Rakel soll etwa 4 cm kürzer als die Innenmaße des Rahmens sein.

Mit der **Spritzpistole** wird der Hinter-

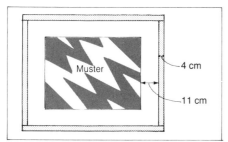

Abb. 1: Ermittlung der Rahmengröße.

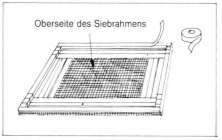

Abb. 4: Abkleben des Siebes und der Kanten.

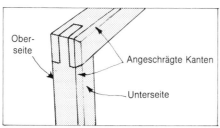

Abb. 2: Eckverbindung des Rahmens.

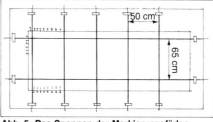

Abb. 5: Das Spannen der Markierungsfäden.

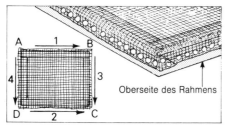

Abb. 3: Spannen des Siebes auf den Rahmen.

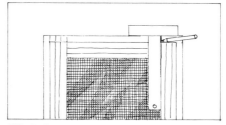

Abb. 6: Das Aufzeichnen der Hilfslinien am Rahmen.

grund des Stoffes eingefärbt oder Muster mit Hilfe von Schablonen aufgesprüht.

Als **Druckerfarbe** verwendet man Stofffarbe. Sie ist wasserlöslich, solange sie noch feucht ist. Es gibt sie in vielen Farben. Teilweise muß der Farbe ein Bindemittel beigemischt werden; die meisten Farben kann man aber direkt verwenden.

Eine **Wachsschablone** (ein mit Wachs beschichtetes Papier) zum Arbeiten mit der Spritzpistole. Ansonsten verwendet man sogenanntes **Schablonenpapier,** das es im Fachhandel zu kaufen gibt. Es handelt sich dabei um beschichtetes, durchsichtiges Papier. Die Beschichtung bleibt bei Erhitzen (Bügeln) am Sieb haften. Das Trägerpapier läßt sich dann leicht abziehen.

Mit einer **Heftpistole** oder Reißzwecken spannt man das Sieb um den Rahmen.

Klebstreifen und selbstklebendes Papierband (Kreppband) benutzt man, um Formen und Muster abzukleben.

Mit **Spülmittel** reinigt man das Sieb, damit die Schablonen gut haften.

Für das Zuschneiden der Schablonen benötigt man ein **scharfes Messer.** Ein Schneidemesser mit auswechselbarer Klinge oder ein Skalpell sind am geeignetsten.

Mit **Pappe und Seidenpapier** schützt man die Schablone beim Aufbügeln.

Mit **Methylalkohol** oder einem entsprechenden Mittel kann die Schablone wieder vom Sieb gelöst werden.

Zum Drucken braucht man unbedingt eine **gerade Unterlage** von mindestens 1 x 1 m Größe (Tapeziertisch). Auf dieser Unterlage wird mit Schraubzwingen eine **Tischlerplatte** oder Sperrholzplatte befestigt, die mindestens 12 mm dick ist und mit einer alten Wolldecke und einem Stoff gepolstert ist.

Zum Bedrucken ist für alle Arbeiten Wäschestoff aus einem Baumwoll/Polyester-Gemisch verwendet worden.
Eine große **Schürze,** besser noch ein Overall, schützen vor Farbspritzern auf der Kleidung.
Mit **Zeitungspapier** oder Plastikfolie werden Boden und Möbel zugedeckt.
Ferner braucht man Zeichen- oder Durchpauspapier, Stifte, Bleistifte, Maßband, Lineal, T-Winkel, Nadel und Faden, Nähmaschine, Stecknadeln und selbstklebende Aufkleber.

Grundtechnik

Der Arbeitsplatz

Nicht alle Stadien des Siebdrucks müssen am gleichen Arbeitsplatz ausgeführt werden. Während das Entwerfen des Musters und das Schneiden der Schablonen praktisch überall geschehen kann, sollte das eigentliche Drucken im Keller, einer Garage oder im Gartenschuppen stattfinden. Der Platz sollte geräumig sein und ein Wasseranschluß nicht weit davon entfernt; denn auch wenn man ganz vorsichtig mit Farbe und Druckerwerkzeug umgeht, passiert es leicht, daß man Farbe verkleckert, besonders bei der Spritztechnik. Der Fußboden und eventuelle Möbel werden mit Zeitungspapier oder Plastikfolie (Vorsicht, Rutschgefahr!) ausgelegt. Man selbst schützt sich mit einer großen Schürze oder einem Overall.

Der Druckrahmen

Die Größe des Siebes richtet sich nach der Größe des gewünschten Musters. Man mißt es aus, gibt noch 15 cm

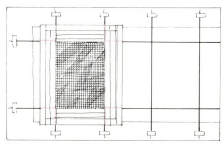

Abb. 7: Gerades Ausrichten des Rahmens an den Hilfslinien.

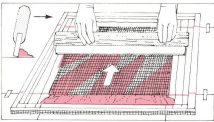

Abb. 8: Winkel, in dem die Rakel gehalten wird, und Überstreichen der Farbe.

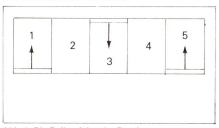

Abb. 9: Die Reihenfolge der Drucke.

rundum dazu und erhält so die Außenmaße des Siebrahmens (Abb. 1). Die Holzleisten für den Rahmen sind ca. 4 cm stark. Aus jeweils zwei Hölzern werden an den Kanten Zapfen und Zapfenloch ausgestemmt und die vier Leisten dann in den Ecken zusammengefügt und fest verleimt (Abb. 2). Alle Seiten der Leisten werden glattgehobelt und die Kanten mit Sandpapier geschmirgelt. Alle Seiten, über die

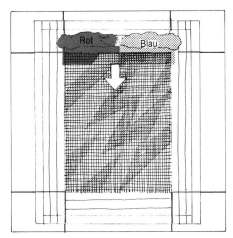

Abb. 10: Drucken mit 2 Farben auf einem Sieb.

später das Sieb gezogen wird und die dann auf dem Stoff liegen, werden etwas angeschrägt, damit die Auflagefläche auf dem Stoff möglichst gering bleibt (Abb.3).

So wird das Sieb aufgezogen:

Das Netz kann mit der Hand auf den Rahmen gespannt werden. Beachtet werden muß dabei nur, daß die Spannung an allen Seiten gleich stark ist. Die waagerechten und senkrechten Webfäden des Netzes müssen dabei parallel zu den Seitenkanten verlaufen. Ein Sieb, das schief, zu lose oder zu fest verspannt ist, ergibt später einen ungleichmäßigen Druck. Das Sieb wird so zugeschnitten, daß es ca. 3 cm größer als der Rahmen ist. Bei Ecke A (Abb. 3) legt man das Netz um die Kante und hält es mit Reißzwecken oder Heftklammern am Holz. Ebenso entlang der langen Seite bis zur Ecke B einschließlich. Die Reißzwecken sitzen dabei dicht an dicht. Dann arbeitet man die gegenüberliegende Seite und die beiden kurzen Seiten. Zuletzt wird das Sieb gründlich entfettet, damit das Schablonenpapier gut haftet.

Das Herstellen einer Schablone

Auf Zeichenpapier entwirft man das Motiv in Originalgröße und legt darauf das Schablonenpapier mit der beschichteten Seite nach oben. Die Teile, die gedruckt erscheinen sollen, schneidet man entlang ihrer Konturen mit dem Messer aus, ohne das Trägerpapier zu beschädigen. Die ausgeschnittenen Flächen hebt man vorsichtig vom Papier ab. Die so präparierte Schablone legt man mit der beschichteten Seite nach oben auf ein Stück weiche Pappe, darauf das Sieb mit dem Rahmen nach oben. An den Leisten des Siebes kann man die Schablone geraderichten. Zuletzt bedeckt man das Sieb mit dem Seidenpapier und bügelt solange darüber, bis die Schicht auf der Schablone geschmolzen ist und am Sieb haftet. Das Bügeleisen wird dabei auf die Temperatur „Seide" gestellt. Der ganze Vorgang dauert ein paar Minuten. Wenn alles gut abgekühlt ist, zieht man vorsichtig das Trägerpapier ab. Sollten noch nicht alle Schablonenteile sicher haften, wiederholt man an der Stelle den Bügelvorgang. Die aufgebügelte Masse hat nun an den gewünschten Stellen die Löcher des Siebes geschlossen, so daß beim anschließenden Drucken dort keine Farbe durchdringen kann. Da man das Sieb größer als das Muster berechnet hatte, ist ein Rand an allen vier Seiten geblieben. Er wird mit den Papierklebestreifen sauber zugeklebt, ebenso alle Oberkanten des Holzrahmens (Abb. 4). Den aufgebügelten Film kann man nach Gebrauch mit Methylalkohol wieder vom Sieb lösen. Statt des Schablonenpapiers kann man auch wasserunlösliche Lacke verwenden. Sie werden mehrmals von beiden Seiten auf das Sieb aufgetragen und schließen so die Gewebelöcher. Das Muster mit Lack aufzutragen empfiehlt sich bei komplizierten und umfangreichen Motiven, weil damit ein sehr genaues Arbeiten möglich ist. Für die hier erklärten Arbeiten wurde Schablonenpapier verwendet.

Vorbereitung zum Drucken

Das Brett, das als Unterlage dienen soll, wird mit einer alten Wolldecke abgedeckt, die auf der Unterseite mit Reißzwecken festgeheftet wird. Darauf legt man den Unterstoff (Kattun), der ebenfalls an der Unterseite befestigt wird. Die Oberfläche muß absolut eben und faltenfrei sein. Mit genügend Schraubzwingen wird das so präparierte Brett auf einen Tisch oder zwei Tischböcke festgeschraubt. Es darf sich absolut nicht mehr bewegen lassen. Auf dem Stoff wird nun ca. 15 cm vom Rand eine Bleistiftlinie gezogen. An dieser Linie wird der zu bedruckende Stoff angelegt und mit Stecknadeln an allen Seiten festgesteckt und dabei leicht gespannt.

Markierung des Rapports

Als nächstes müssen die Linien, an denen sich das Muster wiederholt, eingetragen werden. Dazu mißt man das zu druckende Motiv aus. In unserem Fall beträgt es 50 x 65 cm. Das heißt, daß sich das Muster bei einer

Breite von 65 cm alle 50 cm wiederholt. Auf dem Stoff sucht man sich an der kurzen Seite die Mitte und mißt von dort nach beiden Seiten 32,5 cm aus (die Hälfte der Musterbreite). Beide Punkte werden leicht markiert. Auf der gegenüberliegenden Seite verfährt man ebenso. Mit Baumwollfäden werden die vier gegenüberliegenden Punkte verbunden und die Fäden mit Klebestreifen fixiert. (Abb. 5). Auch über die kurze Seite spannt man einen Baumwollfaden, so, daß sich ein rechter Winkel ergibt. Von diesem Faden mißt man 50 cm (Länge des Musters) weiter und spannt wieder einen Faden. Das macht man solange, bis der ganze Stoff in Felder eingeteilt ist, genau der Mustergröße entsprechend (Abb. 5). Mit einem T-Winkel werden auf dem Rahmen die Kantenlinien des Siebes verlängert und gut sichtbar auf dem Rahmen eingezeichnet (Abb. 6). Diese Linien kann man nun genau an den gespannten Fäden ausrichten und erhält so eine gerade gedruckte Musterseite (Abb. 7).

Das Drucken

Nach der Gebrauchsanweisung bereitet man die Farben vor und bewahrt sie in Gläsern mit Schraubverschluß (Marmeladengläser) auf. Sind die Farben erst einmal angebrochen, halten sie sich nicht sehr lange. Daher nur soviel Farbe vorbereiten, wie sofort verbraucht werden kann. Auf einem Stoffrest probiert man die Farbe erst einmal aus, um zu sehen, wie Stoff und Farbe aufeinander reagieren. Dazu spannt man den Stoffrest leicht, legt das Sieb mit der Netzseite nach unten darauf und gibt etwas Farbmasse auf den oberen Rand des Klebestreifens. Die Farbe darf dabei nicht auf das Netz laufen. Das Drucken erfolgt am besten zu zweit. Einer hält den Rahmen fest, der andere stellt die Rakel leicht angewinkelt zwischen Farbklecks und Rahmen (Abb. 8). Mit langsamer, aber gleichmäßiger Bewegung und mit leichtem Druck zieht man mit der Gummikante die Farbe zu sich hin bis auf die unteren Papierstreifen am Rand. Auf keinen Fall darf man zwischendurch unterbrechen; man würde später einen Ansatz auf dem Stoff sehen. Durch das gleichmäßige Aufdrücken hat man die Farbe durch das Netz auf den Stoff gedruckt. Wie oft so ein Farbauftrag nötig ist, hängt von der Stoffqualität ab. Bei leichtem Bettuchstoff sollte ein einmaliges Überstreichen der Farbe genügen. Der Druck soll in satten Farben mit klaren Konturen auf dem Stoff erscheinen. Schiebt man die Farbe zu oft auf dem Sieb hin und her, wird der Stoff von der Farbe so übersättigt, daß sie über die Konturen hinaus zerläuft und das Muster verwischt. Auf dem Stoffrest prüft man daher genau, wie oft die Farbe über den Stoff zu ziehen ist.

Nach diesem Ausprobieren kann es an den eigentlichen Druck gehen. Dabei halten zwei Leute, jeder auf einer Seite, das Sieb und setzen es langsam auf den Stoff, wenn es genau an den Hilfslinien ausgerichtet ist. (Einfach geht das, wenn beide Personen, solange das Sieb geradegerichtet wird, links und rechts einen Finger zwischen Sieb und Stoff halten, auf den der Rahmen gestützt werden kann.) Die Hilfsperson preßt nun den Rahmen fest auf den Stoff, während die andere die Rakel mit der Farbe über das Sieb zieht. Ist dieser Druckvorgang beendet, wird das Sieb vorsichtig hochgehoben. Am besten kantet man es über eine Ecke ab. Das Sieb stellt man auf einer Lage Zeitungspapier ab. Es wird, falls nicht mehr benötigt, sofort unter fließend kaltem Wasser abgespült.

Drucken eines fortlaufenden Musters

Wenn der Stoff wie in Abb. 5 vorbereitet ist, werden die einzelnen Felder leicht mit Bleistift numeriert. Man beginnt nun mit dem Drucken in Feld Nr. 1 und zieht die Farbe zu sich hin. Dann legt man das Sieb auf Feld Nr. 3 und schiebt die Farbe von sich weg. Als nächstes bedruckt man Feld Nr. 5, indem man die Farbe wieder zu sich hinzieht. So fährt man fort, bis alle ungeraden Felder bedruckt sind. Ist der Stoff vollkommen trocken, werden die Felder mit den geraden Zahlen bedruckt. Würde man neben ein noch feuchtes Feld drucken, liefen die Farben ineinander und würden die Konturen zerstören. Mit einem Föhn oder einem Ventilator kann man die Trockenzeit auf 10–15 Minuten verkürzen. Sind alle Teile bedruckt und völlig getrocknet, nimmt man den Stoff vom Brett herunter und bügelt ihn bei mittlerer Temperatur.

Reinigen des Siebes

Sieb und Rahmen müssen nach dem Gebrauch gründlich von Farbresten gereinigt werden, ebenso vor jedem Farbwechsel. Am besten geht das in der Badewanne oder einer großen Waschschüssel mit fließend kaltem Wasser und einem Schlauch.

Man spritzt die Innenseiten des Rahmens gründlich ab, von der Unterseite wird das Sieb mit einem weichen Tuch abgewischt, damit sich die Folie nicht löst. Zuletzt taucht man den Rahmen in Spülwasser und entfernt die letzten

Farbreste. Eventuell abgelöste Papierstreifen werden erneuert. Ebenso gründlich wird die Rakel gesäubert. Vor der Heizung oder mit einem Föhn wird der Rahmen vollkommen getrocknet, bevor man weiterarbeitet. Vorsicht vor zu viel Hitze, er könnte sich verziehen!

Der Spritzdruck

Will man einen Hintergrund aufbringen, so wird das mit der Spritzpistole vor dem Siebdruck gemacht. Dabei wird der Stoff gespannt, aber keine Feldereinteilung vorgenommen. Die Farben werden etwas verdünnt, damit sie sich gut sprühen lassen. Man gibt sie in die Spritzpistole und besprüht im Abstand von ca. 30 cm den Stoff im Zick-Zack von oben nach unten. Ist die Farbe dunkel, führt man die Spritzpistole schneller über den Stoff, bei hellen Farben kann man langsamer sprühen. Durch Verringern oder Vergrößern des Abstandes zum Stoff reguliert man die Farbintensität. Es lassen sich auch zwei oder mehr Farben ineinandersprühen. Dabei färbt man den Stoff bis zur Mitte und setzt dort mit einer neuen Farbe an. Man läßt die Farben in der Mitte ein wenig überlappen, so daß sie ineinanderlaufen.

Auch Muster und Formen lassen sich mit der Spritzpistole auf den Stoff bringen. Man benötigt dazu Schablonen. Sie werden aus mit Wachs beschichtetem Papier ausgeschnitten (die umlaufenden Kanten bleiben unver-

Hier sind alle drei in diesem Kapitel gefertigten Siebdrucke abgebildet. Bettbezug, Kaftan und Kleiderbügel haben die gleichen Grundfarben: Rosa und Blau.

letzt) und auf den Stoff gesteckt. Alle übrigen Flächen um die Schablone werden großzügig abgedeckt, damit dort keine Sprühnebel den Stoff markieren. Beim Ausspritzen der Schablone arbeitet man wieder von oben nach unten. Den korrekten Sprühabstand probiert man auf einem Stoffrest aus.

Die Abdecktechnik

Sie ist praktisch das umgekehrte Verfahren der Schablonentechnik. Man klebt den Stoff mit Klebstreifen, Aufklebern oder Wachspapier an den gewünschten Stellen zu und sprüht über die Formen hinweg. Erst wenn der Stoff ganz trocken ist, können die Aufkleber entfernt werden.

Zwei Farben in einem Arbeitsgang

Das läßt sich auch mit dem Sieb leicht machen: Man gibt auf das Sieb rechts und links auf die Kante zwei verschiedene Farbkleckse (Abb. 10). Wird die Rakel jetzt über das Sieb gezogen, werden die beiden Farben in der Mitte teilweise ineinanderlaufen.

Gepolsterter Kleiderbügel

Mit diesem gepolsterten Kleiderbügel lassen sich auch empfindliche Blusen und Hemden gut im Schrank aufbewahren. Der Kleiderbügelhaken wurde mit Schrägband umwickelt und der Kleiderbügel selbst mit bedrucktem Stoff überzogen, der um die Polsterung genäht wurde. Schrägband und Stoff sind in der Spritztechnik einfarbig gefärbt worden. Als Farben wurde Rosa und Blau verwendet. Beide Farben werden auch für die anderen Werkstücke benötigt.

Material

Stoffarben in Rosa und Blau.
Weißes Schrägband 56 cm lang, 1 cm breit.
Zwei Stoffstücke 10 cm x 70 cm.
Wattierung oder Schaumgummi, 18 cm x 43 cm.
Kleiderbügel aus Holz.
Zubehör für das Drucken, wie auf Seiten 103 – 105 aufgeführt.

Und so wird's gemacht:

Alle Techniken für den Stoffdruck sind auf den Seiten 105 – 110 erklärt.
Die beiden Stoffstücke und das Schrägband werden auf die Druckunterlage gesteckt und dann mit der rosa Farbe gleichmäßig besprüht, ein zweiter Farbauftrag erfolgt in Blau. Nach dem Trocknen schneidet man 10 cm vom Schrägband ab. Den Rest des Bandes wickelt man eng und dicht um den Haken des Kleiderbügels. Die Kanten werden aneinandergenäht, das obere Ende eingeschlagen, damit später nichts verrutschen kann. Die zwei Stoffstücke werden mit ihren rechten Seiten aufeinandergelegt und an zwei kurzen und einer langen Seite zusammengeheftet und dann genäht (1 cm entfernt vom Rand). Das Schaumgummi faltet man der Länge nach zur Hälfte und legt es um den Kleiderbügel, die offenen Kanten zeigen nach oben. Mit großen Überwendstichen werden sie zusammengenäht.

An der noch offenen Seite des Stoffes wird 1 cm Saum nach innen gefaltet und eingebügelt, dann die Mitte der langen Seite mit Stecknadeln markiert. Dann wird die untere genähte Naht mit einem Faden zum Kräuseln durchnäht und der gepolsterte Kleiderbügel in den Bezug gesteckt. Die untere Kante wird jetzt so weit gekräuselt, daß sie genau um den Kleiderbügel paßt. Dann werden die Fäden fest vernäht und abgeschnitten. Nun kann die obere Kante zugenäht werden, der Haken liegt dabei an der markierten Mitte. Ca. 0,5 cm vom oberen Rand wird auch die obere Kante passend gekräuselt. Der Rest des vorher abgeschnittenen Schrägbandes wird zur Hälfte gebügelt und an den drei Kanten zusammengenäht. Dann wird es um den Kleiderbügelhaken gelegt und am Stoff

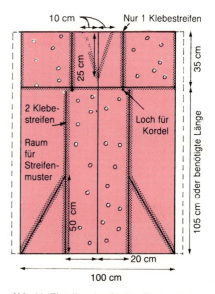

Abb. 11: Einteilen des Stoffes für den Kaftan.

sauber festgenäht. Die Enden steckt man dabei nach innen.

Kaftan

Das Muster auf diesem Kaftan wurde in zwei Arbeitsgängen mit Schablonen in der Spritztechnik aufgebracht. Es paßt in Farbe und Muster zu den Bettbezügen in diesem Kapitel.

Material

1 m weißes Schrägband, 1 cm breit.
1,5 m weiße Kordel.
Feinen Stoff, 115 cm breit.
Länge: Die erforderliche Länge errechnet sich aus den Maßen vom Nacken des Kaftans bis zum unteren Saum plus 5 cm. In unserem Beispiel ist der Kaftan 105 cm lang.
Stoffarben in Rosa, Blau und Ockergelb
Zubehör zum Drucken, wie auf Seiten 103 – 105 aufgezählt.

Und so wird's gemacht:

Alle Techniken, die für das Stoffdrucken erforderlich sind, wurden bereits auf den Seiten 105 – 110 erklärt.
Der Stoff wird in zwei gleichgroße Rechtecke zugeschnitten, die nacheinander gleich bearbeitet werden. Eins dieser Stoffteile wird auf die Druckunterlage aufgesteckt und in verschiedene Flächen eingeteilt (Abb. 11): Zuerst mißt man von oben 35 cm (ein Viertel der gesamten Länge) ab und markiert die Stelle mit einer Querlinie aus einem gespannten Baumwollfaden. Dieses abgeteilte Stück ist das Feld für die Ärmel. Die Gesamtbreite des Kaftans beträgt später einen Meter, der Rest wird für die Nähte verbraucht. Diese 100 cm werden der Länge nach in drei gleichbreite Teile aufgeteilt und mit gespannten Baumwollfäden von oben bis zu der bereits markierten Querlinie gekennzeichnet. Dann wird mit einem Faden die Mitte des gesamten Stoffes markiert. An der oberen Kante mißt man von dieser Mitte nach links und rechts je 10 cm ab und steckt einen Faden von diesen Markierungen bis zur Mittellinie, 25 cm tiefer. Es entsteht ein V für den Halsausschnitt. Ebenso mißt man von der Mittellinie unten 20 cm nach oben ab und spannt von dort zwei Fäden diagonal zu den beiden unteren Ecken.
Jetzt werden alle Linien bis auf die Mittellinie mit Klebeband zugeklebt,

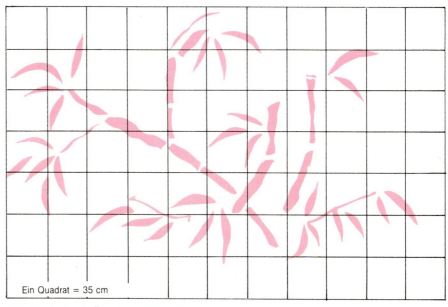

Abb. 12: Muster für Ärmel und Mittelfläche.

Abb. 13: Muster für Kaftan-Seitenflächen und Kopfkissenbezug.

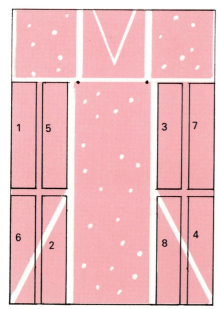

Abb. 14: Reihenfolge des Spritzens der Streifenschablone.

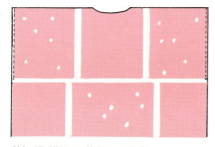

Abb. 15: Hinterer Halsausschnitt.

gleichzeitig die gespannten Fäden entfernt. Das gesamte Rechteck des Ärmelteils und der V-Ausschnitt werden mit einem Klebeband abgeklebt, alle anderen Linien werden mit zwei Klebebändern nebeneinander zugeklebt. Dann werden selbstklebende Kreise wahllos auf den drei Flächen, wie in Abbildung 14 zu sehen, verteilt. Dann spannt man noch das Schrägband und die Kordel auf die Druckunterlage.

Jetzt kann gespritzt werden: Zuerst mit der rosa Farbe, anschließend mit Blau. Nach dem Trocknen entfernt man alle Streifen und Kreise. Für die Flächen auf den Ärmeln und die Mittelfläche vergrößert man das Muster von Abb. 12 auf 52 cm x 35 cm und schneidet es aus Wachspapier aus. Das Muster geht ineinander über, wenn man es auf der linken Stoffhälfte mit der rechten Seite nach oben legt, auf der rechten Stoffhälfte mit der linken Seite nach oben. Man beginnt mit der linken Stoffseite.

Die Schablone wird aufgelegt, an der Mittellinie geradegerichtet und zur Hälfte mit Ockergelb, zur Hälfte mit Blau besprüht. Mit dieser Schablone färbt man auch das Mittelstück ein. Dabei legt man sie waagerecht. Während die beiden Drucke trocknen, vergrößert man das Muster von Abbildung 13 auf 51 cm x 11 cm. Wenn der Stoff trocken ist, besprüht man die Seitenteile mit Hilfe der neuen Schablone. Die Reihenfolge der Sprühdrucke ist auf Abbildung 14 zu sehen. Jetzt wird mit der ersten Schablone der rechte Ärmel und die obere Mitte bedruckt und nach dem Trocknen der Stoff von oben bis unten mit der rosa Farbe übersprüht.

Wenn alles trocken ist, wird der Stoff gebügelt. Das zweite Stoffteil wird ebenso gearbeitet. Dann werden die Stoffteile auf die richtige Größe zugeschnitten; 1,5 cm für den Saum läßt man dabei rundherum stehen. Die Seitenkanten der Stoffteile und die Schulternähte werden mit einem kleinen Saum oder mit Zickzackstichen versäubert. Dann legt man beide Stoffteile mit den rechten Seiten aufeinander und näht sie vom Ärmelloch bis zum unteren Saum an den Seiten zusammen. Ebenso werden die Schulternähte geschlossen. Die Ärmel werden mit einem kleinen Saum umgenäht, dann der V-Ausschnitt mit 0,5 cm Nahtzugabe ausgeschnitten. Auf dem Rückenteil wird ein Halsausschnitt wie in Abbildung 15 abgebildet ausgeschnitten. Beide Ausschnitte werden mit Schrägband eingefaßt, dann die Arbeit auf rechts gedreht. Jetzt schneidet man die Löcher für die Kordel in Vorder- und Rückenteil (Abb. 11). Die Kordel wird durch die Löcher gezogen und vorne locker gebunden.

Kopfkissenbezug

Die Kopfkissenbezüge sind so gearbeitet, daß sie zu dem Bettbezug auf der nächsten Seite passen. Sie werden in drei Arbeitsgängen gefertigt, und sowohl die Schablonen-Spritztechnik als auch der Siebdruck wurden dabei verwendet. Die Rückseiten der Bezüge bleiben schlicht weiß.

Material

Wäschestoff 180 cm x 115 cm.
Stoffarben in Rosa, Blau und Rot.
Zubehör zum Drucken, wie auf Seiten 103 – 105 aufgezählt.

Und so wird's gemacht:

Der Stoff wird in vier Rechtecke zu je 57 cm x 90 cm zugeschnitten. Zwei der Teile werden für die Rückseiten beiseite gelegt, die anderen beiden werden auf die Druckunterlage gespannt. Sie werden dann einmal leicht mit der blauen Farbe grundiert, anschließend mit der rosa Farbe. Nach dem Trocknen mißt man von den schmalen Seiten je 12,5 cm ab und markiert diese Randstücke mit einem Baumwollfaden. Dann vergrößert man das Schema auf Abb. 13 auf 51 cm x 11 cm und schneidet es aus Wachspapier aus. Mit dieser Schablone werden die beiden Kanten eines jeden Bezugs in Blau ausgesprüht.

Während der Stoff trocknet, vergrößert man das Schema von Abb. 16 auf 65 cm x 50 cm, überträgt es auf Schablonenpapier, schneidet es aus und bügelt es auf das Sieb. Dann wird das Muster auf den Stoffteilen abgemessen, eingemittet und mit Fäden markiert (Abb. 17). Die entsprechenden Markierungen werden auf den Siebrahmen übertragen. Auf die abgeklebten Ränder des Siebes gibt man oben und unten je zwei Farbkleckse in Rot und Blau. Nachdem man auf einem Probestück die Häufigkeit der Farbaufträge ausprobiert hat, werden die beiden

Abb. 16: Schema für Kissen- und Bettbezug.

Ein Quadrat = 5 cm

Bezüge bedruckt und trocknen gelassen. Der eine Bezug wird auf der rechten, der andere auf der linken Seite mit einem schmalen Saum versehen. Ebenso versieht man die beiden Rückteile an einer Seite mit einem Saum von 1 Zentimeter. Dann faltet man diesen Saum nochmals um 3,5 cm um und bügelt ihn an.

Jetzt legt man je ein bedrucktes und ein weißes Stoffstück mit den rechten Seiten zusammen, die drei noch unversäuberten Kanten liegen dabei genau aufeinander. An der Seite mit den Säumen faltet man den gedruckten Stoff über den breiten Saum des Rückteils. Alle Seiten werden festgesteckt und die drei noch unversäuberten Kanten mit einem Zentimeter Abstand vom Rand abgesteppt. Mit Zickzackstichen hindert man die Kanten am Ausfransen; dann wird die Arbeit gewendet und gebügelt.

Bettbezug

Der Bettbezug wurde aus drei großen Bahnen zusammengesetzt, die beim Drucken einfacher zu handhaben sind als ein großes Stoffteil.

Material

430 cm x 228 cm Wäschestoff.
Stoffarben in Blau, Rot und Rosa.
Vier Druckknöpfe.
Zubehör für den Stoffdruck, wie auf Seiten 103 – 105 aufgezählt.

Und so wird's gemacht:

Es werden zwei Stoffteile zu je 215 cm x 228 cm zugeschnitten und

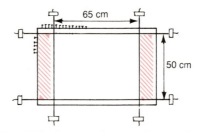

Abb. 17: Einmitten des Musters auf dem Kopfkissen.

eins davon in der Länge dreigeteilt. Jedes dieser drei Teile soll 76 cm breit sein. Ein Teil davon spannt man auf die Druckunterlage und grundiert es zur Hälfte in Blau, die andere Hälfte in Rosa. In der Mitte läßt man die Farben ein paar Zentimeter überlappen, daß sie ineinanderlaufen. Nach dem Trocknen bringt man die Markierungsfäden an: Zwei Fäden, die einen Mittelteil von 65 cm markieren und vier Fäden, in Abständen von 50 cm gespannt. (Das Muster wiederholt sich also viermal). Dann werden die einzelnen Felder numeriert. Als Schablone verwendet man das gleiche Muster wie beim Kopfkissen (Abb.16). Auf den oberen abgeklebten Rand des Siebes gibt man vier Farbkleckse: Rot – Blau – Rot – Blau. Nach einem Probedruck auf einem Stoffrest bedruckt man den vorbereiteten Stoff. Man arbeitet dabei die Felder eins und drei, nach dem Trocknen die Felder zwei und fünf. Das 51 cm x 11 cm vergrößerte Schema von Abb. 13 überträgt man auf Wachspapier, schneidet es aus und sprüht es in Rosa auf den rechten Rand, gleich neben das zuletzt gedruckte Muster. Der Stoff kann nach dem Trocknen nun abgenommen werden; Sieb, Rakel und Spritzpistole werden gründlich gewaschen.

Dann spannt man den zweiten Stoffstreifen auf die Unterlage, grundiert ihn halb in Rosa, halb in Blau und sprüht mit der Schablone das Streifenmuster auf. Die Schablone wird dabei entlang der linken Seite quer aufgelegt und solange um die Musterbreite verschoben und aufgesprüht, bis der ganze linke Rand mit diagonalen Streifen bedeckt ist. Nach dem Trocknen wird die unbedruckte Fläche mit Fäden aufgeteilt und wie vorher im Siebdruck bedruckt. Zuletzt wird die Streifenschablone auf den rechten Rand in Rosa aufgesprüht.

Nach dem Trocknen nimmt man den Stoff ab und spannt den letzten Stoffstreifen auf. Er wird genauso bedruckt, doch wird hier die Streifenkante auf die rechte lange Seite aufgesprüht. Die drei Teile werden folgendermaßen zusammengenäht: An einem der Außenteile faltet man eine innere lange Seite 1 cm um und legt sie so gegen den mittleren Stoffstreifen, daß das Muster genau anschließt. Die Teile werden zusammengeheftet und von links abgesteppt. Dann versäubert man die Säume und bügelt sie. Ebenso verfährt man mit dem anderen Außenstreifen. Alle drei aneinandergenähten Teile sind nun ungefähr 215 cm x 215 cm groß. Danach schneidet man das weiße Rückenteil zu. Eine Seite des bedruckten Stoffes und eine Seite des Rückenteils wird 1 cm bereit umgenäht. Dann legt man die beiden Teile mit den rechten Seiten passend aufeinander, steppt die drei unversäuberten Kanten ab und versäubert den Saum. Die offene Seite wird geviertelt und alle drei Punkte mit Stecknadeln markiert. Die beiden äußeren Viertel werden zusammengenäht (ca. 1 cm Abstand zum Rand) und die Fäden vernäht. An die übriggebliebene Öffnung müssen jetzt nur noch die vier Druckknöpfe gleichmäßig verteilt angenäht werden.

Weben

Weben ist eine Art der Stoffherstellung durch rechtwinkliges Verflechten waagerechter und senkrechter Fäden. Bereits bei den primitiven Völkern war die einfache Technik des Verflechtens von Naturfasern wie Schlingpflanzen, Binsen, Blättern, Gräsern und Rohfasern bekannt. Bald entstanden daraus zum Teil kunstvoll gearbeitete Matten, Kleidungsstücke und Gebrauchsgegenstände. Bei den alten Ägyptern waren sogar einfache Webstühle bekannt, wie die Bandagen mit denen die Mumien eingewickelt wurden, beweisen. Die Griechen und Römer stellten feine Damaststoffe her, während wunderschöne Musseline aus Indien kamen. Noch bis 1850 wurden fast alle Stoffe auf Handwebstühlen hergestellt. Ein paar Jahre nach der Erfindung des maschinellen Webstuhls, 1784, wurde mit ihm das Zeitalter der Industrialisierung eingeleitet. Heute, mit all der Technik und dem Fortschritt, besinnt man sich auf die alten Fertigkeiten wie Spinnen und Weben zurück und, obwohl es Stoffe und Tücher in Hülle und Fülle zu kaufen gibt, ist das Bedürfnis, sein eigenes Textilgewebe herzustellen, groß. Die Gewißheit, daß man ein ganz individuelles Stück geschaffen hat, bereitet einem besondere Freude.

Was man zum Weben braucht

Das **Garn,** das für die Kette (siehe Grundtechnik) eines Wandbehangs benötigt wird, muß reißfest, flexibel und gleichmäßig sein, wie es bei Teppichgarn aus Hanf, Baumwolle, Wolle oder Leinen der Fall ist. Strickwolle ist nicht brauchbar, da sie zu sehr nachgibt. Gutes Garn für den Schußfaden (siehe Grundtechnik) ist Teppichwolle, entweder im Strang oder als Faden. Der Vorteil der Fäden ist, daß sie in einer großen Farbpalette verkauft werden und relativ preisgünstig sind, weil man nicht so viel von jeder Farbe abnehmen muß. Als Schußfäden lassen sich auch alle vorhandenen Garnreste, verschiedene Rohstoffe und Restfäden in verschiedenen Farben verarbeiten. Weben ist damit ideal zum Verweben textiler Reste.

Einfache **Webrahmen** nimmt man für kleine bis mittelgroße Wandbehänge. Sie sind preiswert, leicht zu transportieren und platzsparend unterzubringen. So ein Webrahmen kann aus einem Bilderrahmen, wie sie Maler als Spannrahmen verwenden, hergestellt werden. Diese Rahmen bestehen aus glattem Holz und sind in den Ecken auf Gehrung zusammengefügt. Daher lassen sich die Seitenteile leicht durch längere oder kürzere Leisten ersetzen. Die ideale Webrahmengröße für den Anfänger ist 60 cm x 75 cm. Nach dieser Größe sind auch alle in diesem Kapitel beschriebenen Arbeiten gefertigt.

Mit **Zentimeterband** und **Lineal** werden die Kettfäden akkurat gespannt.

Mit einer **Klammer** wird der Rahmen an der Tischkante befestigt, während man die Kettfäden aufwickelt. Außerdem benötigt man einen Bleistift, Klebeband, Stopfnadel und eine Schere.

Grundtechnik

Beim Weben stellt man einen Stoff her, indem man zwei Fadengruppen rechtwinklig miteinander verflicht. Die eine Fadengruppe nennt man Kette. Die Kettfäden laufen von oben nach unten und bilden die Längsrichtung des Stoffes. Die zweite Fadengruppe nennt man Schuß. Die Schußfäden werden von Webkante zu Webkante geführt, also von rechts nach links und umgekehrt.

So wird die Fadenzahl der Kette ermittelt:

Um die Fadenzahl der Kette zu errechnen, wickelt man einen Kettfaden und zwei Schußfäden dicht nebeneinander auf ein Lineal, bis zwei oder drei Zentimeter bedeckt sind (Abb. 1). Bei sehr dickem Garn wickelt man vier bis fünf Zentimeter auf das Lineal. Nun zählt man alle Fäden und dividiert die Anzahl durch die Zentimeter, die man umwickelt hat. Die Zahl, die dabei ermittelt wird, gibt die ideale Anzahl der Kettfäden pro Zentimeter für die Arbeit an.

So wird der Rahmen gebaut und vorbereitet:

Der Rahmen wird zusammengesetzt. Dabei müssen die Ecken genau rechtwinklig sein. An den beiden 60 cm

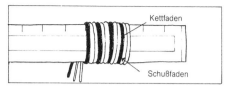

Abb. 1: Ermitteln der Kettfäden pro Zentimeter.

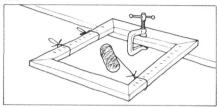

Abb. 2: Zentimetereinteilung auf dem Rahmen.

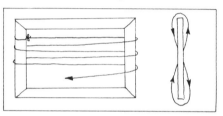

Abb. 3: Aufziehen der Kettfäden in Achterform.

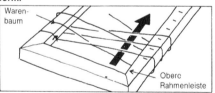

Abb. 4: Einlegen des ersten Grundfadens.

langen Seiten markiert man mit Hilfe des Zentimetermaßes eine Zentimeterscala. Man beginnt dabei jeweils 8 cm von dem Ende entfernt (Abb. 2). Die beiden äußeren Markierungen geben die größtmögliche Breite an, die man mit diesem Rahmen weben kann.

Das Aufziehen der Kette

Um die Kette aufzuziehen, wird der Webrahmen nun an einer nichtmarkierten Seite mit Klammern an der Tischkante befestigt (Abb. 2). Soll das Gewebe schmaler werden, als es die Breite des Webrahmens zuließe, spannt man die Kettfäden nur in die Mitte. Dabei mißt man die gewünschte Breite am Webrahmen ab und markiert sie mit farbigen Fäden (Abb. 2). Das Ende des Kettfadens bindet man an der Stelle an ein Ende des Webrahmens, das die Webkante markiert, so daß er einem der bunten Fäden genau gegenüberliegt (Abb. 2). Jetzt wird der Kettfaden kontinuierlich parallel in einer Achterformation um den Rahmen gewickelt, genau in dem Abstand, der vorher errechnet wurde (Abb. 3).
Weil der Kettfaden in einer Acht gewickelt wurde, läuft nur jeder zweite Faden von vorn über den Webrahmen, die anderen von hinten. Es ist also nur die Hälfte der Fäden auf dem unteren Warenbaum (untere Leiste des Webrahmens) zu sehen. Deshalb werden nur halb so viele Kettfäden um den Warenbaum gewickelt, wie vorher errechnet wurden. Ein Kettmaß von zwei Fäden pro Zentimeter z.B. würde so gewickelt werden, daß auf jeder Zentimetereinteilung am unteren Warenbaum nur ein Kettfaden liegt.
Die Spannung der Fäden muß so gleichmäßig wie möglich sein und so stramm, daß sie einen Ton geben, wenn man daran zupft; jedoch nicht so stramm, daß das Hochheben der Fadengruppen erschwert wird. Die Zwischenräume zwischen den einzelnen Fäden können nach dem Spannen noch ausgeglichen werden, solange sie noch nicht auf dem Rahmen fixiert sind. Man sollte mit verschieden straff gezogenen Kettfäden experimentieren, um die ideale Spannung herauszufinden.
Wenn die genaue Anzahl von Kettfäden gewickelt ist, bindet man den letzten Faden am gleichen Ende des Rahmens fest wie den Anfangsfaden; also am Warenbaum. Dann kontrolliert man noch einmal die genauen Abstände zwischen den Fäden an beiden Seiten und gleicht sie, wenn nötig, aus. Jetzt fixiert man die Kettfäden mit Klebstreifen an den Kanten des Webrahmens und löst ihn vom Tisch.

Der Grundfaden

Der Grundfaden gibt der Webarbeit einen festen Anfang und verhütet, daß der Schußfaden nach unten wegrutscht. Man bindet den ersten Grundfaden an einer nicht markierten Seite des Webrahmens, ungefähr 10 bis 15 cm über dem Warenbaum fest. Nun führt man ihn durch den Zwischenraum, den die Kettfäden bilden und den man „Fach" nennt (Abb. 4). Der Grundfaden wird so stramm wie möglich gespannt und am anderen Ende des Rahmens genau an der gegenüberliegenden Seite festgebunden. Nun wird ein zweiter Grundfaden genau über dem ersten festgebunden. Zählend von der Seite, an der der Faden festgebunden ist, nimmt man die ersten vier Kettfäden am oberen Teil des Webrahmens in die Hand und gleitet mit den Fingern bis runter zum ersten Grundfaden und hat damit die unteren Kettfäden über die oberen gehoben. Der zweite Grundfaden wird mit der rechten Hand unter den hochgehobenen Kettfäden durchgezogen. Dieses abwechselnde Heben der geraden bzw. ungeraden Kettfäden nennt man Fachwechsel (Abb. 5).
So verfährt man weiter über die ganze Breite der Kettfäden. Den zweiten Grundfaden zieht man ebenfalls straff und bindet ihn am Rahmen fest. Mit einem Lineal, das man in das offene Fach legt, überprüft man, ob die Kettfäden noch den gleichen Abstand zueinander haben und gleicht ihn gegebenenfalls aus. Dann wird der zweite Grundfaden mit dem Lineal eng an den ersten geschoben (Abb. 6). Damit ist eine feste Webkante entstanden.

Das Herrichten des Schußfadens

Schußfäden, die länger als zwei Meter sind, werden zu ordentlichen und handlichen Schlingenbündeln aufgewickelt. Dabei wickelt man den Faden in Achterform über Daumen und Zeigefinger der linken Hand, wobei man den Fadenanfang 15 – 20 cm herunterhängen läßt. Man nimmt das Bündel von den Fingern ab und wickelt das andere Fadenende ca. 5 cm um die Mitte des Schlingenbündels. Mit einem Überhandknoten wird das letzte Fadenende verknotet. Der anfangs heraushängen gelassene Faden kann nun beim Weben leicht aus dem Garnknäul gezogen werden, ohne daß sich dieses löst. Fäden, die länger als drei oder vier Meter sind, werden zu einem Strang aufgewickelt. Kürzere Fäden, von 50 cm und darunter, werden offen verwebt.

Das Weben

Am oberen Teil des Webrahmens greift man mit der linken Hand vier Kettfäden und das lange Ende des Schußfadens. Dann gleitet man mit den Kettfäden in der Hand nach unten und hebt die unteren Kettfäden damit über die oberen. Durch Spreizen der Finger macht man dieses Fach so weit, daß das Fadenbündel mit der rechten Hand durchzustecken ist. Man hält das Bündel mit den Spitzen von Mittel- und Ringfinger der rechten Hand, führt es von rechts in das Fach und nimmt es mit Daumen und Zeigefinger der linken Hand an.

Dadurch, daß der Schußfaden über und unter die Kettfäden entlangläuft, verbraucht er sehr viel mehr Länge, als man annimmt. Er darf auf keinen Fall zu stramm gezogen werden. Zieht man ihn zu stramm, kommt es zum sogenannten „Einweben", das heißt, das Gewebte wird immer schmaler.

Man beendet die Reihe, indem fortlaufend 4 Kettfäden hochgenommen werden und der Schußfaden eingelegt wird. Wenn die entgegengesetzt laufende Reihe gewebt wird, wechselt die Tätigkeit der Hände entsprechend. Nach jeder Reihe wird der Schußfaden nochmals mit den etwas gespreizten Fingern angeschlagen.

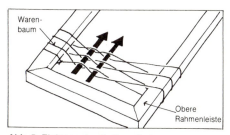

Abb. 5: Einlegen des 2. Grundfadens.

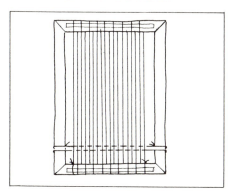

Abb. 6: Grundfäden in ausgerichteter Position.

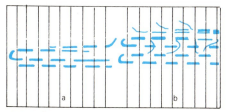

Abb. 7: Übergänge zweier Schußfäden mit
(a) abgerissenen Fäden und
(b) gespleißten Fäden.

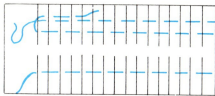

Abb. 8: Einweben eines Fadenendes in die zweite Reihe nach einem Farbwechsel.

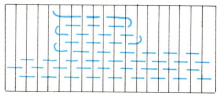

Abb. 9: Zurückweben des Fadenendes in die letzte Reihe.

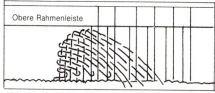

Abb. 10: Gewebte Abschlußkante – Verweben der ersten sechs Fäden.

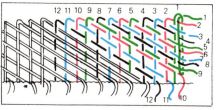

Abb. 11: Gewebte Abschlußkante – Verweben der letzten 12 Fäden.

Das Ansetzen der Schußfäden

Ist ein Faden verwebt, so wird das Ende nicht abgeschnitten, sondern der abgerissene Rest ein kleines Stück mit dem neuen Faden parallel verwebt. Das ergibt einen haltbaren und unsichtbaren Übergang (Abb. 7a). Ist das Ende eines dicken Fadens nicht gefranst, also die Schnittfläche voll erhalten, ist es zweckmäßig, das Fadenende etwas zu spleißen, um einen allmählichen Übergang der beiden Fäden zu schaffen (Abb. 7b). Hierbei schauen die gespleißten Enden ein Stück heraus und werden nach Beendigung des Webevorgangs abgeschnitten.

Das Verweben der Fadenenden

Es gibt 2 Möglichkeiten, die Anfänge und Enden verschiedenfarbiger Fäden zu fixieren. Einmal können Fäden nach Fertigstellung der Arbeit mit einer Stopfnadel vernäht werden. Ist ein Farbstreifen zu schmal, kann man den farbigen Schußfaden längs eines Kettfadens einziehen, dann ist er nicht mehr zu sehen. Man macht dies bei Farbpartien, die weniger als 6 Kettfäden breit sind. Die andere Möglichkeit ist, die Fadenanfänge für 2 bis 3 cm in der 2. Reihe mitlaufen zu lassen (Abb. 8). Dicke Fäden müssen gespleißt werden. Das Fadenende wird kontinuierlich dünner und kann in der letzten Reihe der Webarbeit verwebt werden. Dazu muß der letzte und vorletzte Kettfaden wie einer behandelt werden, weil sich sonst das Gewebe der letzten Reihe wieder lösen würde (Abb. 9).

Der Fransenrand

Eine einfache Methode, die Webarbeit zu beenden ist, die Fäden abzuschneiden, zu verknoten und in Fransen hängen zu lassen.
Dazu schneidet man ein oder zwei Kettfäden zur Zeit am Rahmen auf und knotet sie zu Strängen von drei oder vier Kettfäden mit einem Überhandknoten zusammen. Der Knoten wird dicht an die letzte Webreihe geschoben, so daß er einen festen, sicheren Abschluß der Webarbeit bildet. Sind alle Kettfäden verknotet, werden sie auf gleiche Länge geschnitten.

Der gewebte Rand

Dieser Abschluß gibt eine feste Kante dadurch, daß die restlichen Kettfäden waagerecht verwebt werden. Man dreht den Rahmen um, so daß die Rückseite der Webarbeit oben liegt, und verwendet die Kettfäden als Schußfäden. Man beginnt mit der Webekante, die nun links liegt. Der erste Kettfaden wird vom Rahmen abgeschnitten und nun nach rechts herüber durch die noch vorhandenen Kettfäden verwebt (Abb. 10). So verfährt man mit allen Kettfäden einzeln. Die Enden der Fäden hängen nun dort, wo der gewebte Rand in das Gewebe übergeht.
Für die letzten 9 Fäden stehen immer weniger Kettfäden zum Verweben zur Verfügung. Daher läßt man ihre Enden an der rechten Kante heraushängen und webt den allerletzten Kettfaden senkrecht nach unten und wieder zurück, damit er sie fixiert (Abb. 11). Dann teilt man die 9 Fäden in drei Gruppen zu je drei Fäden und flicht sie zu einem Zopf, den man verknotet und auf der Rückseite vernäht. Alle anderen heraushängenden Kettfäden werden knapp über dem Gewebten abgeschnitten.

Abkürzungen

Um die Anweisungen für die hier erklärten Werkstücke zu kürzen und zu vereinfachen, werden Abkürzungen benutzt, die die Anzahl der zu webenden Kettfäden angeben und die Webrichtung.
lr heißt eine Reihe weben von links nach rechts. **rl** heißt eine Reihe weben von rechts nach links.
Die Ziffer nach dieser Abkürzung bezeichnet die Anzahl der Kettfäden, die in dieser Reihe durchwebt werden. Da die Fächer durch Hochheben der jeweils 2. Kettfäden gebildet werden, läuft der Schußfaden immer oberhalb bzw. unterhalb der Hälfte der Gesamtzahl der Kettfäden.
Diese Zahl muß nicht immer gerade sein, denn das Fach kann auch mit einer ungeraden Menge an Kettfäden gebildet sein. Zum Beispiel in Abb. 12, sind es in der 1. Reihe lr 9 Fäden. Der Schußfaden wird unter 5 und über 4 Kettfäden geführt. In der 2. Reihe rl 8 wird der Schußfaden über 4 und unter 4 Kettfäden geführt. In der 3. Reihe lr 5 wird er nur über bzw. unter 4 Kettfäden geführt. Der 5. Faden wird in dieser Reihe nicht benutzt. Der Schußfaden wird aber um ihn herumgeführt, wenn die 4. Reihe begonnen wird, dadurch wird er in der 3. und 4. Reihe mitgezählt. Der Beginn für ein Muster wird angegeben durch die Zahl der Kettfäden, gezählt von der linken Kante ausgehend, sofern es nicht anders vermerkt ist. Falls die Webarbeit nur von rechts her gearbeitet wird, ist es zweckmäßiger, auch von der rechten Kante her zu zählen, was dann jeweils angegeben ist.

Büschelknoten

Für den Büschelknoten benötigt man Fäden von 20 bis 23 cm Länge. Das Knüpfmuster sieht hübscher aus, wenn die Fäden nicht alle gleich lang sind. So ein Smyrnaknoten entsteht, wenn man 2 nebeneinanderliegende Kettfäden nimmt und das linke Ende des Knüpffadens über und unter den linken Kettfaden und das rechte Ende über und unter den rechten Kettfaden führt (Abb. 13a). Diese Knoten können über alle Kettfäden geknüpft werden oder auch über einen Teil. Knüpft man ihn nicht über alle Kettfäden, muß man die Arbeit durch zwei zusätzliche Webreihen wieder ausgleichen (Abb. 13 b).
Die nächste Schußreihe muß über die ganze Breite der Webarbeit geführt werden.

Musterschuß oder Sprung

Um einen Musterschuß zu weben, wird nicht wie gewöhnlich der Schußfaden gleichmäßig über – unter – über die Kette geführt, sondern es werden mehrere, z. B. 3 Kettfäden auf einmal überwebt (Abb. 14). Diese Musterschüsse sollte man nicht zu oft ausführen und auch nicht zu dicht hintereinander, auch nicht über zu viele Kettfäden auf einmal, da sonst das Werkstück zu locker wird.

Rohfaser einlegen

Stücke von ungesponnener Wolle, Zellwolle, Baumwolle, Watte können zusätzlich mit dem Hauptschuß eingewebt werden. Man nimmt ein kleines Büschel trockenes, leicht gewaschenes unversponnenes Material, formt daraus eine dicke, ungleichmäßige Strähne, deren dickste Stelle in der Mitte liegt und sich zu beiden Enden hin verjüngt. Diese Strähne wird nun gleichzeitig mit dem Schußfaden durch einen Teil der Kettfäden gewebt. Es geht am einfachsten, wenn man diesen Strang in ein gut geöffnetes Fach legt, weil man dann leicht die Lage korrigieren kann. Die nächste Reihe wird wieder wie üblich mit dem normalen Schußfaden allein gewebt. Dadurch wird das Rohmaterial gut festgehalten und integriert. Wenn die Linie des Schußfadens der Webarbeit durch das Einweben dieser dicken Stränge ungleichmäßig wird, muß man durch zusätzliche Schüsse ausgleichen. Die eingewebten Stränge sollten so angeordnet sein, daß die Ausgleichsschüsse nicht in der Mitte des Werkstücks liegen, sondern mehr an den Rändern.

Ornamentweben

Hierbei treffen sich die 2 verschiedenfarbigen Schußfäden in einer Reihe, also im gleichen Fach. Jeder Faden wird bei Wechsel des Fachs von dieser Position aus wieder zurückgeführt (Abb.15). Damit nun keine Schlitze entstehen, die die Arbeit teilen, wird die Rückführung der Fäden in jeder Reihe etwas verschoben, so daß nie 2 Wendungen genau übereinander, also am gleichen Kettfaden stattfinden. So erhält man eine zusammenhängende Arbeit, in der beide Farbpartien gut und sauber miteinander verbunden sind.

Schultertasche

Die Tasche ist aus 2 separat gewebten Teilen hergestellt, die dann zusammengenäht werden. Der 1. Teil ist zweifarbig und in waagerechten Streifen gewebt. Einige Streifen sind einfarbig, die anderen, breiteren, lassen das Grundmuster erkennen, da sie zweifarbig gewebt sind. Im zweiten Teil sind einfarbige Streifen teilweise diagonal verwebt worden, so daß ein Dreieckmuster entsteht.

Material

Für die Kette:
100 g festgedrehtes Teppichgarn.
Für den Schuß:
75 g braune, einfache Berberwolle A,
75 g beige Berberwolle B,
75 g Teppichgarn, Farbe Orange.
Zubehör für das Weben, wie auf Seite 117 aufgezählt.
Die fertige Tasche ist 31 cm x 35,5 cm groß ohne Fransen.

Und so wird's gemacht:

Die Hinweise für die Webtechnik sind auf Seite 117 – 121 gegeben.
Erste Seite der Tasche:
Man nimmt das festgedrehte Teppichgarn und wickelt es 30 cm breit um den Webrahmen, so daß in einem Zentimeter 2 Fäden sind. Nun werden die Grundfäden eingewebt, 10 cm vom Warenbaum entfernt.
1. Arbeitsgang: Mit Garn A beginnt man an der linken Webekante und webt 2,5 cm, das sind ungefähr 18 Reihen. Den Anfang des Fadens läßt man ca. 2,5 cm an der Webekante hängen, um ihn in der 2. Reihe miteinzuweben.
2. Arbeitsgang: Nun nimmt man Garn B und beginnt an der rechten Webekante. Man webt 2 Reihen, und auch hier wird das heraushängende Fadenende mit eingewebt, das Reststück hängengelassen. Jetzt werden mit A wieder 2 Reihen gewebt, wobei der Faden B am Rand einmal

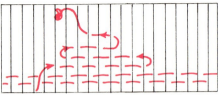

Abb. 12: Beispiel für das Weben mit bestimmten Kettfäden.

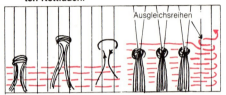

Abb. 13: (a) Knüpfen des Smyrnaknotens und (b) Ausgleichsreihen.

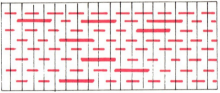

Abb. 14: Sprünge oder Musterschüsse.

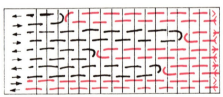

Abb. 15: Weben mit zwei Farben.

und B je eine Reihe gewebt, so daß dünne horizontale Streifen entstehen. Die Schußfäden werden jeweils an der Webekante einmal verschlungen, wie es in Abb. 17 zu sehen ist. Dieses Streifmuster wird 4,5 cm hoch. Man endet mit einer Reihe A.

5. Arbeitsgang: Nun wird ein 2,5 cm breiter Streifen mit Farbe B gewebt, der Faden A wird wieder wie vorher beschrieben an der Webekante mitgeführt.

6. Arbeitsgang: Nun wird 4,5 cm hoch abwechselnd 2 Reihen A, 1 Reihe B gewebt, so daß ein beiges Strichmuster auf braunem Grund entsteht.

7. Arbeitsgang: Jetzt wird ein 2,5 cm breiter Streifen B gewebt, A wird wieder an der Webekante mitgeführt.

8. Arbeitsgang: Hier werden alle 3 Muster, die bis jetzt gewebt wurden, kombiniert. Dieser Streifen ist unterteilt in 3 Abschnitte. Der 1. und 3. sind identisch, sowohl farblich als auch von der Webart her.
Der mittlere ist in gleicher Webart gewebt, jedoch sind die Farben unterschiedlich verwendet.
Der erste Abschnitt wird so gewebt:
2 Reihen A; 1 Reihe B; 1A; 1B; 2A; 1B; 1A; 1B; 1A, 1B, 2A, 1B, 1A, 1B, 2A.
Der zweite Abschnitt wird so gewebt:
2B, 1A, 1B, 1A, 2B, 1A, 1B, 1A, 1B, 1A, 2B, 1A, 1B, 1A, 2B.
Nun wird der 1. Abschnitt wiederholt, begonnen wird mit 2 Reihen A. Um die 1. Seite der Tasche fertigzustellen, webt man nun noch einen Streifen von 2,5 cm mit A, 5 Reihen B, und dann wird mit A weitergewebt, bis das Werkstück 38 cm lang ist. Mit einer gewebten Kante wird die Arbeit abgeschlossen. Die unteren Kettfäden schneidet man ab und knotet sie paarweise fest zusammen, um eine geschlossene Kante zu erhalten.

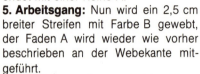

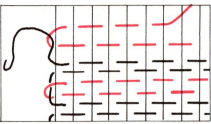

Abb. 16: Mitnehmen des nicht benötigten Schußfadens nach oben.

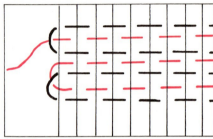

Abb. 17: Umschlingen des Fadens an der Webekante.

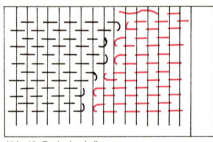

Abb. 18: Dreieckschrägung.

umschlungen wird (Abb. 16). Nun werden die horizontalen Streifen bis zu einer Höhe von 4,5 cm weitergewebt; abwechselnd 2 Reihen B, 2 Reihen A. Geendet wird mit 2 Reihen B. Auch jetzt wird der Faden nicht abgeschnitten.

3. Arbeitsgang: Nun wird ein 2,5 cm breiter Streifen mit A gewebt, wobei man den Faden B an der rechten Webekante mit hochnimmt (Abb.16).

4. Arbeitsgang: Nun wird mit Farbe A

Beide Umhängetaschen zeigen die unterschiedlich gewebten Vorder- und Rückseiten der Tasche. Sie sind beide so ansprechend, daß die Entscheidung für ein Muster als Vorderseite schwerfällt.

Zweite Seite der Tasche:
Die Kettfäden werden wie bei der 1. Seite aufgespannt.

1. Arbeitsgang: Man webt 18 Reihen A beginnend und endend an der linken Kante. Der Anfangsfaden wird wie bei der 1. Seite eingewebt.

2. Arbeitsgang: Dazu webt man 18 Reihen B und nimmt dabei den Faden A an der Kante mit hoch. Für das Dreieck in der Mitte der Tasche webt man folgendermaßen: lr 46, rl 31, lr 28, rl 25, lr 23, rl 20, lr 17, rl 14, lr 12, rl 9, lr 6, rl 3. Der Faden wird abgerissen und das Ende eingestopft.

3. Arbeitsgang: Um die linke Seite des Dreiecks auszufüllen, nimmt man Wolle A und webt wie folgt: lr 15, rl 15, lr 18, rl 18, lr 21, rl 21, lr 24, rl 24, lr 27, rl 27, lr 30, rl 30. Den Faden läßt man hängen. Mit einem neuen Faden A beginnt man an der rechten Webekante, um die rechte Seite des Dreiecks mit 12 Reihen zu füllen. Die 13. Reihe wird bis zur Mitte gewebt, der Faden wird abgerissen, und das Ende wird in der 12. Reihe der linken Seite verwebt. Das Werkstück sollte nun über die ganze Breite gleich sein und ca. 5 cm tief. Nun wird ein neues Dreieck aus der Wolle A gewebt, in der gleichen Weise wie das erste.

4. Arbeitsgang: Jetzt wird das orangefarbene Teppichgarn doppelt genommen und die Seiten des Dreiecks damit gefüllt, bis der Schuß wieder eine gerade Linie bildet und das Werkstück ca. 7,5 cm tief ist. Nun wird ein 3. Dreieck mit doppeltem orangefarbenem Garn gewebt. Es beginnt mit den gleichen 31 Kettfäden, jedoch werden die Kettfäden der linken Seite abwechselnd um 2 und 1 reduziert und an der rechten Seite jedesmal um 2.

5. Arbeitsgang: Die Seiten des Dreiecks werden nun mit getrennten Fäden A gefüllt bis das Werkstück wieder eine gerade Linie bildet. Nun kommt wieder ein Dreieck mit Wolle A auf den gleichen 31 Kettfäden. Die Kettfäden der linken Seite werden dabei in jeder Reihe um einen reduziert und an der rechten Seite in jeder zweiten Reihe um 2, 1, 1.

6. Arbeitsgang: Mit Wolle B werden nun wieder die Seiten des Dreiecks aufgefüllt, wie vorher beschrieben. Das folgende Dreieck wird über die gleichen 31 Kettfäden gewebt. Wie die Schrägseiten gewebt werden, zeigt Abbildung 18: Linke Seite: 2 Wendungen (4 Reihen) 1 Wendung (2 Reihen), abwechselnd. Rechte Seite: bei 2 Wendungen (4 Reihen), wird jeweils um einen Kettfaden reduziert. Die Spitze des Dreiecks ist 2 Kettfäden breit, die Höhe beträgt von der unteren Kante des Werkstücks gemessen 23 cm.

7. Arbeitsgang: Um die Seiten des Dreiecks zu füllen, benötigt man wieder 2 Fäden A; je einen für die linke und rechte Ecke und webt 21 Reihen (Abb. 18). Jetzt webt man mit A weiter, indem man den Konturen des Dreiecks folgt; über oder unter 8 Kettfäden, so daß eine Webekante parallel zu der Kante des Dreiecks entsteht (Abb. 19). Wenn beide Fäden A die Spitze des Dreiecks erreicht haben, wird der rechte Faden abgerissen und eingewebt. Mit dem linken Faden webt man weiter, bis die Spitze des Dreiecks 3 Kettfäden breit und 27 cm hoch ist, von der unteren Kante des Webstücks an gemessen.

8. – 11. Arbeitsgang: Die Seiten des Dreiecks werden nun mit je 14 Reihen Orange gefüllt. Dann werden 10 Reihen mit B weiter gewebt, der orangefarbene Faden wird seitlich wieder mit hochgenommen. Nun wieder 14 Reihen orange (Faden B mitnehmen). An beiden Seiten wird mit B weitergewebt, bis die Schußlinie wieder ausgeglichen ist. Jetzt werden noch 10 Reihen mit B über die ganze Breite des Werkstücks gewebt. Es folgen 12 Reihen A, 10 Reihen Orange und 12 Reihen B. Mit A wird danach solange gewebt, bis das Werkstück 38 cm mißt. Den Abschluß bildet eine gewebte Kante wie bei der ersten Seite.

Fertigstellung

Mit einem Dampfbügeleisen werden beide Teile leicht von links gebügelt. Man legt die linken Seiten gegeneinander, so daß die Fransen an der gleichen Seite liegen. Jetzt näht man die Seiten und den Boden mit dem Garn der Kettfäden zusammen. Um die Tragfähigkeit der Tasche zu erhöhen, werden nun die Fransen miteinander verknotet. Man nimmt je 2 gegenüberliegende Fransen von jeder Seite und verknüpft sie mit einem Überhandknoten.

Für den Schulterriemen braucht man 24 Fäden von je 3 m des orangefarbenen Garns. Man nimmt die Fäden gleichmäßig zusammen und macht 10 cm vom Ende entfernt einen Überhandknoten. Nun teilt man sie in 3 Bündel zu je 8 Fäden und flicht einen Zopf bis 10 cm vor Fadenende. Da wird wiederum ein Überhandknoten gemacht. Jetzt wird ein Knoten genau an die untere Ecke der Tasche gesteckt und der Zopf entlang der Seitennaht angenäht. Mit dem anderen Ende verfährt man genauso, nachdem man probiert hat, ob der Schulterriemen die richtige Länge hat und diese eventuell durch einen erneuten Knoten korrigiert hat. Um den Schulterriemen an den Ecken haltbarer zu befestigen, näht man an der Innenseite der Tasche an allen 4 Ecken noch zusätzliche Befestigungsstiche. Zum Schluß werden die Quasten des Schulterriemens und die

Fransen auf eine gleiche Länge geschnitten.

Wandbehang

Bei diesem Wandbehang sind die Kettfäden teilweise zu sehen, und zwar dort, wo die dicken Wollfäden eingewebt sind. Deshalb sollte die Farbe für die Kettfäden so gewählt werden, daß sie farblich in das Gesamtbild paßt.

Material

100 g gewöhnliches Teppichgarn für die Kette und die generellen Schußfäden.
75 g dicke Teppichwolle (locker und auch fest gedrehte) für die Büschelknoten.
10 g (ungefähr) Rohwolle, die man selbst sammeln kann, wo Schafe weiden. Man wäscht sie sorgfältig, aber vorsichtig in warmem Seifenwasser und läßt sie an der Luft trocknen.
45 cm 5 mm starkes Rundholz.
Zubehör für das Weben, wie auf Seite 117 aufgezählt.
Maße: 56 cm x 36 cm.

Und so wird's gemacht:

Die Hinweise für die Webtechnik sind auf Seite 117 – 121 gegeben.
Die Kettfäden werden so auf den Webrahmen gespannt, daß 2 auf 1 Zentimeter kommen. Die Grundfäden werden 10 cm vom Warenbaum entfernt eingewebt. Man webt 16 Reihen, das ergibt 3 cm, beginnend an der linken Kante. Durch sanftes Anschlagen der Schußfäden bleiben die Kettfäden sichtbar, und das Werkstück wird weicher und geschmeidiger. Nun schneidet man von der dicken Teppichwolle Fäden von 25 cm Länge für die Büschelknoten. Man nimmt 3 Fäden für jeden Knoten. Jeweils über 2 Kettfäden wird eine ganze Reihe Büschelknoten geknüpft. Die Farbkombination unseres Beispiels ist zufällig entstanden, jedoch sind die ersten und letzten Knoten jeder Reihe absichtlich in der gleichen Farbe geknüpft, da so der Umriß der Form besser zur Geltung kommt. Jetzt webt man 8 Reihen über die ganze Breite des Werkstücks. Den Schußfaden nimmt man längs der Webekante an der Büschelknotenreihe vorbei nach oben. Nun knotet man wieder 1 Reihe Büschelknoten, jedoch mit 20 cm langen Fäden. Wieder 8 Webreihen. Jetzt ist das Werkstück ca. 10 cm hoch. Nun wird mit 20 cm langen Fäden wieder eine Reihe Büschelknoten geknüpft, aber das erste und letzte Paar Kettfäden werden ausgelassen. Um die linke Seite zu vervollständigen, webt man an 2 Reihen über die letzten beiden Kettfäden an der rechten Kante. Nun webt man weitere 7 Reihen über die ganze Breite, so daß nun 8 Webreihen über der Knotenreihe sind und der Faden wieder an der linken Kante ist. Mit 15 cm langen Fäden entsteht die nächste Knotenreihe, wobei die ersten und letzten 4 Kettfäden ausgelassen werden. Die Ausgleichsreihen werden wie vorher gewebt.
Nun wird eine Reihe Büschelknoten mit 15 cm langen Fäden geknüpft. Je 8 Kettfäden bleiben rechts und links frei. Es wird wie vorher ausgeglichen und 6 weitere Reihen über die ganze Breite gewebt. Nun bleiben 14 Kettfäden an jeder Seite frei, und die Büschelknoten werden mit 12 cm langen Fäden ausgeführt. Die Ränder werden wieder ausgefüllt und 4 Reihen über die ganze Breite gewebt.

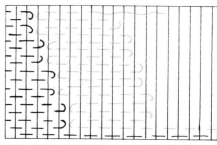

Abb. 19: Parallelschrägung der Außenkante.

Jetzt bleiben 22 Kettfäden an jeder Seite frei. Über die restlichen werden mit 12 cm langen Fäden Büschelknoten geknüpft. Wieder wird ausgefüllt und 4 Reihen über die ganze Breite gewebt. Es bleiben 32 Kettfäden an jeder Seite frei. Über die mittleren 14 Kettfäden werden Büschelknoten geknüpft. Die Ränder werden wieder ausgeglichen und über die ganze Breite 6 Reihen gewebt. In den nächsten 12 Reihen werden Musterschüsse oder Sprünge an beiden Seiten des Werkstücks gewebt. Die Plazierung ist zufällig. In der ersten und letzten Reihe macht man nur einen oder zwei

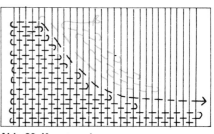

Abb. 20: Kurvenweben.

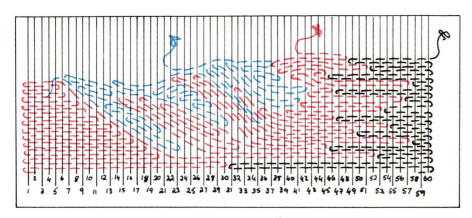

Abb. 21: Erste Hälfte des in Kurven gewebten Motivs.

Dieser rustikale Wandbehang mit seinen eingewebten Fransen macht jedes Zimmer gemütlich.

Das Platzdeckchen kann man auf beiden Seiten benutzen. Es wurde so gewebt, daß das Muster auf Vorder- und Rückseite unterschiedlich aussieht.

Sprünge auf jeder Seite, da es sonst zu gedrängt wirkt. In den dazwischenliegenden Reihen können es mehr sein. Einige Reihen werden ohne Sprünge gewebt, damit das Werkstück nicht zu lose wird.
Danach werden 2 Reihen ohne Sprünge gewebt, damit die Schußlinie wieder ausgeglichen ist. Mit dem Schußfaden wird nun ein kleiner Strang Rohwolle eingelegt, der durch die nächsten beiden Webreihen gefestigt wird. Nun webt man 4 Reihen, danach wird wieder Rohwolle eingelegt. Man nimmt 2 etwas kürzere Stränge und legt sie dich hintereinander. Es folgen 4 einfache Schußreihen. Nun wird ein Stück von 12 cm gewebt. Dabei wird in 8 Reihen Rohwolle eingelegt, und zwar so, daß Verteilung, Länge und Stärke der Stränge unregelmäßig ist. Zwischen den Reihen mit Rohwolle müssen 4 oder 6 Reihen glatter Webart sein. Der Abstand zwischen den Rohwollsträngen beträgt mindestens 4 Kettfäden. Wenn es erforderlich ist, müssen Ausgleichsreihen gewebt werden. Nach der letzten Rohwollreihe muß die Arbeit so ausgeglichen werden, daß die Schußreihe eine gerade Linie bildet. Jetzt wird glatt weitergewebt, bis das Werkstück 40 cm hoch ist. Zum Schluß schneidet man jeweils 4 Kettfäden vom Rahmen und verknotet sie mit einem Überhandknoten, um das Gewebe abzuschließen.
Zuerst wird die obere Seite des Wandbehangs vom Rahmen genommen, dann die untere. Wenn der Wandbehang vollständig vom Rahmen abgelöst ist, macht man noch 3 weitere Reihen Überhandknoten, indem man jeweils 2 Kettfäden von 2 nebeneinander liegenden Knoten verknüpft. So entsteht ein Gittermuster. Jetzt werden die Enden gleichmäßig geschnitten. Die Fransen am unteren Ende des Wandbehangs werden auf die gleiche Länge wie die Büschelknotenfransen geschnitten. Das Rundholz wird durch das geknotete Gitter gesteckt und mit einem Faden Teppichgarn als Aufhänger versehen.

Platzdeckchen

Die Art, wie bei diesem Platzdeckchen die Schußfäden verwebt werden, macht das Charakteristische an dieser Webarbeit aus und ist eine Technik, die vielseitig verwendbar ist.
Auf zwei unterschiedliche Arten wurde der Schußfaden eingebracht: Einmal gerade bei den lila und blauen Fäden, zum anderen schräg und geschwungen bei dem grünen Motiv.

Material

50 g Kettgarn.
Topflappengarn:
500 g blau A,
90 g lila B,
25 g grün C.
Zubehör für das Weben, wie auf Seite 117 aufgeführt.
Maße: 28 cm x 38 cm.
Abkürzungen: Weil hier immer 2 Reihen in einer Farbe gewebt werden, und zwar immer von Webkante zu Webkante, sind 2 Reihen immer mit lr/rl (oder rl/lr) bezeichnet, je nachdem, von welcher Seite sie begonnen und beendet werden.

Und so wird's gemacht:

Die Webetechniken sind auf Seite 117 – 121 erklärt.
Der Kettfaden ist so gewickelt, daß auf 1 cm 2 Fäden kommen. Man nimmt 2 Fäden von B und verwendet sie zusammen, als wäre es einer, und webt 16 Reihen, beginnend und endend an der linken Kante.
Gerade Webart: B lr/rl 43, A rl/lr 17, rl/lr 12, B lr/rl 48, lr/rl 30, A rl/lr 30, rl/lr 15, B lr/rl 45, lr/rl 52, A rl/lr 8, rl/lr 45, B lr/rl 15. Dieser Teil wird noch einmal wiederholt. Nun wird der Webrahmen umgedreht und das Muster noch 2mal gewebt, jedoch werden die Farben vertauscht; also für Farbe A wird Farbe B genommen und umgekehrt. Wenn das Muster 4mal gewebt ist, ist das Werkstück 8,5 cm hoch. Jetzt wird der Webrahmen wieder zurückgedreht, so daß B an der linken und A an der rechten Seite ist.
Die nächsten 11,5 cm werden in der gleichen Technik weitergewebt, aber um ein mehr zufällig wirkendes Muster zu bekommen, wird mehr B als A verwendet. Wenn die Hälfte des Platzdeckchens gewebt ist, wird die 3. Farbe dazugenommen und mit dem Kurvenweben begonnen. Mit A und B wird weiterhin zur linken Kante hin in gerader Webart gewebt.
Kurvenweben: B lr/rl 20, lr/rl 16, lr/rl 13, lr/rl 11, lr/rl 9, lr/rl 8, lr/rl 7, lr/rl 6, lr/rl 5, A lr/rl 8. Man webt B lr 52 an der Schrägung entlang und herüber zu A, indem man eine Kurve bildet. Weil diese Webart neu ist, ist der Kettfaden, an dem die Webreihe begonnen wird, jeweils in Klammern hinter der Anzahl der zu durchwebenden Kettfäden angegeben.
Mit einem Schlingenbündel C beginnt man am 6. Kettfaden von links und webt lr 18 (23.), rl 8 (16.), lr 5 (20.), rl 8 (13.), lr 5 (17.), rl 7 (11.), lr 4 (14.), rl 6 (9.), so wie es in Abb. 20 zu sehen ist. Weiter mit B rl 38 (15.), lr 18 (32.), rl 15 (18.), lr 12 (29.), rl 9 (21.). Dann werden lr mit A in der Kurventechnik

die Zwischenräume gefüllt. Mit C geht es weiter: lr 22 (30.), rl 5 (26.), lr 3 (28.), rl 5 (24.), lr 3 (26.), rl 5 (22.), lr 3 (24.), rl 5 (20.), lr 3 (22.), rl 10 (13.). Mit B zum 23. Kettfaden lr bis an A heran, dann rl bis zum 26. Kettfaden und wieder lr bis an A heran. Mit C lr 25 (37.), rl 30 (8.), lr 27 (34.), rl 8 (27.). Mit B rl zum 30., lr zu A, rl zum 33., lr zu A, rl zum 36., lr zu A, rl zum 39., lr zu A, rl zum 42, lr zu A. Mit C lr 16 (42.), rl 8 (35.), lr 4 (38.), rl 6 (33.), lr 8 (40.) rl 6 (35.), lr 4 (38.), rl 14 (25.). Nun webt man mit B und A in der Kurventechnik so weit, bis B mit dem höchsten Punkt von C in einer Linie ist (Abb. 21).

So vervollständigt man die erste Hälfte des Motivs mit Garn C. Um den Rest des Motivs zu weben, bringt man B zum 27. Kettfaden, webt dann lr zu A, rl zum 31., lr zu A, rl zum 34., lr zu A, rl zum 38., lr zu A. Mit C geht es weiter: lr 9 (33.), rl 6 (28.), lr 9 (36.), rl 20 (17.). Nun mit B rl zum 19., lr 13 (30.), rl 10 (21.), lr 7 (27.), rl 5 (23.), lr zu A. Mit C: lr 11 (27.), rl 13 (15.), lr 15 (29.), rl 23 (7.). Mit B: zum 12., lr zu A, rl zum 15. lr 11 (25.), rl 4 (22.), lr zu A. Mit C: 15 lr (21.), rl 13 (9.), lr 10 (18.), rl 13 (16.). Nun werden die herabhängenden Restfäden gesplissen und in diese Reihe eingewebt. Damit ist C beendet. Mit B wird jetzt zur linken Webekante hinübergewebt, um die Kanten auszugleichen. Der Rest des Platzdeckchens wird in ähnlicher Weise gewebt. Entweder webt man eine Variation des ersten C Motivs in der Kurventechnik, oder man webt in der geraden Webart weiter. Alle Muster müssen bei einer Höhe von 38 cm beendet werden, weil nun noch 2 cm mit B allein gewebt werden.

Die Arbeit wird beendet, indem man jede Kettschlinge einzeln abschneidet und mit einem Überhandknoten verknotet. Zum Schluß werden die Fransen auf eine Länge von 2 oder 3 cm geschnitten. Alle gesplissenen, noch heraushängenden Fadenenden werden abgeschnitten.

Das Platzdeckchen ist von beiden Seiten zu benutzen. Es zeigt auf jeder Seite eine unterschiedliche Musterung.

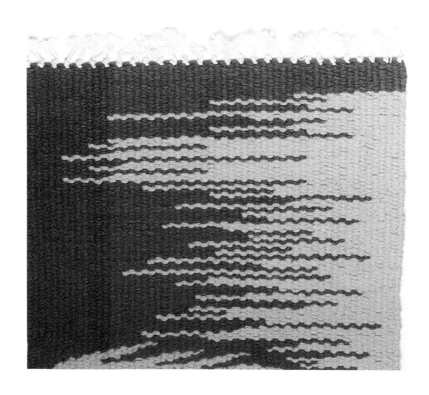

Das Vergrößern einer Bildvorlage

Natürlich kann man ein Muster oder Design freihändig aufzeichnen, vergrößern oder abändern. Mit einem Raster geht es aber oft einfacher, und auch der ungeübte Zeichner kann damit ein Bild maßgetreu vergrößern. So sind auch bereits fast alle Motive und Schnittmuster mit einem Raster versehen. So ein Liniennetz kann man sich schnell auf Rechenpapier in der gewünschten Größe aufzeichnen. Schneller und einfacher geht es mit fertigem Rasterpapier, das man in Zeichen- und Bastelläden kaufen kann. Zuerst numeriert man jedes Quadrat auf dem Original durch und wiederholt die Zahlen entsprechend auf der Vergrößerung. Man geht nun nacheinander jedes einzelne Quadrat auf dem Original durch, und überall dort, wo die Zeichnung auf dem Original eine Rasterlinie kreuzt oder berührt, markiert man die Stelle auf der Vergrößerung mit einem kleinen Kreuz entsprechend. Die Linien werden auf der Vergrößerung nach und nach miteinander verbunden, bis das Bild komplett ist (Abb. 1). Bei Vorlagen, die noch nicht gerastert sind, kann man selbst ein Raster darüberzeichnen: Dazu malt man zuerst die vier Umrandungslinien auf und markiert die Mittelpunkte jeder Seite. Dann wird jede Seite geviertelt, schließlich geachtelt. Zuletzt muß man nur noch die gegenüberliegenden Punkte mit geraden Linien verbinden und die Felder numerieren. Teilt man sich die Vergrößerung in längliche Raster ein, und nicht in Quadrate, wird sich ein Motiv automatisch leicht verändern (Abb. 1).

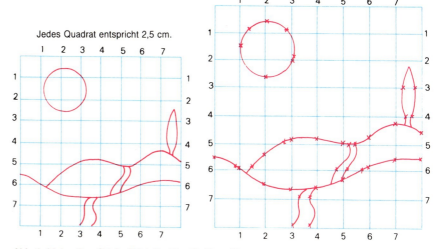

Jedes Quadrat entspricht 2,5 cm.

Abb. 1: Links: Das Originalbild. Rechts: Die Vergrößerung des Originals.

Unten: Vergrößern und gleichzeitiges Verändern des Motivs.

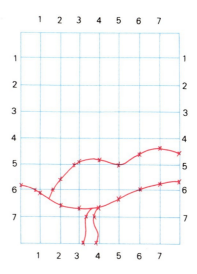

Das Rahmen eines Bildes

Für das Anfertigen eines Bilderrahmens benötigt man eine sogenannte Bilderrahmenleiste, die es in vielen unterschiedlichen Formen zu kaufen gibt. Um die erforderliche Länge dieser Leiste auszurechnen, mißt man die Oberkante des Bildes aus, addiert dazu zweimal die Breite der Leiste (an ihrer Unterseite gemessen) und 1 mm, um etwas Spielraum beim späteren Einsetzen des Rahmens zu haben (Abb. 2). Dann mißt man die Länge des Bildes aus und addiert wie zuvor zweimal die Breite der Leiste plus 1 mm. Beide Summen werden zusammenaddiert und mit 2 malgenommen. Das Ergebnis plus 40 mm für Verschnitt und Abfall, ergibt die exakte Länge der Bilderrahmenleiste. Mit einer Gehrungslade werden die Stücke auf Gehrung geschnitten. Die Gehrungslade wird dazu auf der Arbeitsunterlage mit Schraubzwingen festgezurrt und die Leiste eingelegt. Das lange Ende der Leiste zeigt dabei nach links, die schmalere Seite liegt unten. Wenn das Holz nun am Ende der Sägerinne etwas ausfranst oder splittert, so ist die rauhe Kante immer auf der Rückseite oder Innenseite, wo sie später nicht mehr zu sehen ist. Nun wird der 1. Sägeschnitt ausgeführt, ein kleines Dreieck bleibt als Abfallstück dabei übrig. Auf der Rückseite der Leiste markiert man nun die Länge des Bildes plus zweimal die Breite der Leiste plus 1 mm. Diese Markierung zieht man mit dem Winkeleisen über die Seitenfläche auf die Oberseite. Diesmal wird die Leiste so in die Gehrungslade gelegt, daß das lange Ende nach rechts zeigt. Der zweite Schnitt erfolgt nach rechts. Damit ist ein Stück zugeschnitten. Die restliche Seite legt man wieder so in die Gehrungslade, daß das lange Ende

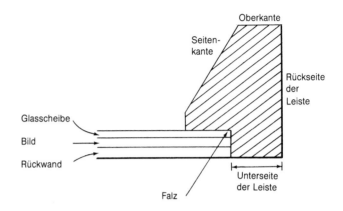

Abb. 2: Querschnitt eines fertigen Bilderrahmens.

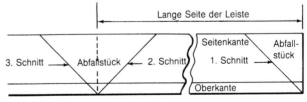

Abb. 3: Zuschneiden der Leiste.

nach links zeigt wie beim ersten Mal und sägt die dritte Ecke (Abb. 3). Beide Leistenteile legt man mit den Vorderseiten aufeinander, so daß die Spitzen akkurat oben abschließen, und markiert die erforderliche Länge auf der zweiten Leiste. Sie wird in die Gehrungslade gelegt und der Sägeschnitt nach rechts ausgeführt. Ebenso sägt man die beiden kurzen Rahmenteile zurecht. Alle eventuellen Splitter werden mit einem scharfen Messer abgeschnitten. Auf einer planen Unterlage werden die Teile aneinandergelegt und mit Spannklammern an allen vier Ecken zusammengepreßt, um zu sehen, ob sie genau passen. Dann trägt man auf die Sägeflächen etwas Holzleim auf und fügt vorsichtig wieder alles zusammen. Mit dem Metallwinkel kontrolliert man die Winkligkeit der Kanten und entfernt allen überschüssigen Klebstoff mit einem feuchten Tuch. Zwei Stunden muß der Rahmen gespannt trocknen. Anschließend werden die Ecken mit kleinen Stahlstiften (2 cm) vernagelt. Nun kann das Bild eingepaßt werden. Dazu legt man den Rahmen mit der Vorderseite nach unten auf die Arbeitsfläche, legt das Glas in die Vertiefung, darauf das Bild und darauf die Rückwand, die aus Pappe oder Zeichenkarton zugeschnitten wird. Die Pappe preßt man fest auf die Glasplatte und schlägt in Abständen von 10 cm kleine Nägel (12 mm) zur Hälfte in die Innenseite des Rahmens. Ein Holzklotz, den man von außen gegen den Rahmen hält, verhindert, daß das Holz sich spaltet. Zuletzt wird auf die Rahmenrückseite und die Pappe ein breiter, gummierter Papierstreifen geklebt. Er verdeckt die unsaubere Nagelreihe. An die Seitenkanten, etwa ein Drittel von der Oberkante entfernt, schraubt man Metallösen, durch die Draht oder Nylonfaden gezogen und verknotet wird.

Bilderrahmen für ein Reliefbild

Stickbilder oder Applikationen, die gerahmt werden sollen, müssen einen Abstand zur Glasscheibe haben, damit die plastische Wirkung nicht verloren geht. Dafür verwendet man Bilderrahmenleisten, die einen Falz von 25 mm oder mehr haben. Daraus fertigt man den Rahmen und paßt die Glasscheibe ein. Dann mißt man innen die restliche Breite des Rahmens aus und zieht davon die Dicke des Bildes und der Rückseite ab. In dieser Breite schneidet man sich Holzleisten passend zum Rahmen zurecht, die die Glasscheibe in Position halten. Sie werden entweder auf Gehrung oder stumpf zusammengefügt und mit einem Klecks Leim fixiert (Abb. 4). Auf diese Hölzer legt man Bild und Rückwand. Da der Rückwandplan mit dem Rahmen abschließt, schneidet man in Abständen kleine Stücke aus der Rückseite der Leiste aus, damit man dort die Nägel einschlagen kann.

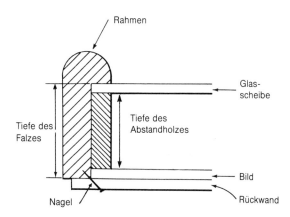

Abb. 4: Querschnitt eines Rahmens für Reliefbilder.

Der Troll mit den Kulleraugen

Dieser lustige Geselle wird bestimmt die Lieblingspuppe eines jeden Kindes. Er ist groß genug, daß man ihn richtig in den Arm nehmen oder auch im Puppenwagen oder Puppensitz des Fahrrades spazierenfahren kann, und weich, so daß er zum Schmusen genau das richtige ist.

Material

Strickgarn 100 g Grün, je 25 g Rot, Weiß, Rosa, etwas Schwarz für die Haare.

Filzreste: Grün, Weiß, Schwarz, Rot. Synthetikwatte, Schaumstoffflocken oder Kapok zum Füllen.
1 kleine Glocke.

Ein Paar Stricknadeln.
Maschenprobe: 6 Maschen und 12 Reihen ergeben 2,5 cm^2.
Der fertige Troll ist 30 cm groß.

Und so wird's gemacht:

Körper
Mit grüner Wolle werden 20 Maschen aufgeschlagen. Man strickt nur rechte Maschen.
Reihe 5: * 1 Masche rechts, 1 Masche zunehmen, ab * wiederholen (30 Maschen).
Reihe 9: * 1 Masche zunehmen, 4 Maschen stricken, ab * wiederholen.
Reihe 15: * 1 Masche zunehmen, 5 Maschen stricken, ab * wiederholen (42 Maschen).
Reihe 19: * 1 Masche zunehmen, 6 Maschen stricken, ab * wiederholen (48 Maschen).
Nun geht es ohne Zunehmen weiter. Mit weißem Garn 6 Reihen, mit grünem 10 Reihen, mit rotem 2 Reihen, mit weißem 4 Reihen, mit rotem 6 Reihen, mit grünem Garn 3 Reihen; immer rechte Maschen.
Reihe 51: Mit grünem Garn * 2 Maschen zusammenstricken, 6 Maschen stricken. ab * wiederholen.
Reihe 55: Mit grünem Garn * 2 Maschen zusammenstricken, 5 Maschen stricken. ab * wiederholen. Jetzt kommen zwei Reihen Grün und eine Reihe Weiß.
Reihe 59: Mit weißem Garn * 2 Maschen zusammenstricken, 4 Maschen stricken, ab * wiederholen. Nun kommen drei Reihen Weiß.
Reihe 63: Mit weißem Garn * 1 Masche stricken, 2 Maschen zusammenstricken, ab * wiederholen. Der weiße Faden kann abgeschnitten werden, denn nun geht es mit Rot weiter.
Reihe 64: Mit Rot alle Maschen rechts stricken.
Reihe 65: Mit Rot immer 2 Maschen zusammenstricken.
Reihe 66 und 67: Mit Rot alle Maschen rechts stricken. Der rote Faden wird abgeschnitten. Nun werden 2 Reihen Grün gestrickt und der Faden abgeschnitten. Mit dem rosafarbenen Garn wird eine Reihe gestrickt. Reihe 71 und alle folgenden ungeraden Reihen werden links gestrickt.
Reihe 72: * 1 Masche rechts, 1 Masche zunehmen, ab * wiederholen.
Reihe 74: Aus jeder Masche werden 2 Maschen gestrickt.
Reihe 76: * 1 Masche zunehmen, 2 Maschen stricken, ab * wiederholen.
Reihe 78: * 1 Masche zunehmen, 4 Maschen stricken, ab * wiederholen.
Reihe 80: * 1 Masche zunehmen, 5 Maschen stricken, ab * wiederholen.
Reihe 94: * 2 Maschen zusammenstricken, 5 Maschen stricken, ab * wiederholen.
Reihe 96: * 2 Maschen zusammenstricken, 4 Maschen stricken, ab * wiederholen.
Reihe 98: * 2 Maschen zusammenstricken, 3 Maschen stricken, ab * wiederholen.
Reihe 100: * 2 Maschen zusammenstricken, 2 Maschen stricken, ab * wiederholen.
Reihe 102: * 1 Masche stricken, 2 Maschen zusammenstricken, ab * wiederholen.
Reihe 103: Alle Maschen abketten.
Nun arbeitet man ein zweites solches Teil für den Rücken des Trolls. Dann legt man die beiden Teile rechts auf rechts aufeinander und näht sie zusammen. Die Kante mit den abgeketteten Maschen wird nicht zugenäht. Nachdem das Werk gewendet ist, wird es fest ausgestopft. Man muß darauf achten, daß das Gesicht gleichmäßig und prall gefüllt wird. Dann kann die Öffnung geschlossen werden. Für die Augen braucht man zwei Kreise aus weißem, zwei etwas kleinere aus grünem und zwei noch kleinere aus schwarzem Filz. Die Kreise näht man aufeinander und dann an den Kopf des Trolls, wie auf dem Foto zu sehen. Ein kleiner Kreis als Nase und ein Halbmond als Mund, aus rotem Filz geschnitten, werden aufgenäht. Die Ohren entstehen aus je einer Schlaufe aus rosa Garn, die mit Knopflochstich umnäht wird. Für die Stirnlöckchen nimmt man schwarzes Garn und näht einige kleine Schlaufen.

Beine
Mit grünem Garn werden 28 Maschen angeschlagen und rechts gestrickt. In der 9. + 10. Reihe werden 5 Maschen am Anfang der Reihe abgekettet. Mit den 18 Maschen werden weitere 26 Reihen rechts gestrickt. In der 37. Reihe wird abgekettet. Das zweite Bein strickt man genauso.
Die Strickteile werden jeweils zur Hälfte geklappt (die rechte Seite ist dabei innen) und an den Rändern zusammengenäht. Die obere Kante bleibt offen. Nachdem die Teile auf die rechte Seite gewendet wurden, werden sie fest gestopft und an die Unterseite des Körpers genäht.

Arme
Mit rosa Garn werden 20 Maschen aufgeschlagen und glatt rechts gestrickt, also eine Reihe rechts und eine Reihe links.
Reihe 3: Am Ende jeder folgenden Reihe wird eine Masche zugenommen.
Reihe 9: Am Ende jeder Reihe werden 2 Maschen zusammengestrickt.
Reihe 11: Der rosa Faden wird abgeschnitten, denn es geht mit grünem Garn weiter.
21 Reihen mit rechten Maschen folgen. In der 33. Reihe werden alle Maschen abgekettet. Der zweite Arm wird genauso gearbeitet. Die Armteile werden der Länge nach zur Hälfte gefaltet (die rechte Seite ist innen) und an den

Rändern zusammengenäht. Die abgekettete Seite bleibt offen. Nach dem Wenden werden die Arme straff mit dem Füllmaterial ausgestopft und an den Körper angenäht.

Kragen
Mit rotem Garn werden 40 Maschen aufgeschlagen. Es werden Schlingmaschen gestrickt: Reihe 1 wird mit rechten Maschen gestrickt. Reihe 2: 1 Masche rechts. In die nächste Masche einstechen. Der linke Zeigefinger wird auf die linke Nadel gelegt. Der Faden wird jetzt dreimal um Finger und Nadeln herumgewickelt. Bei Vollendung der Masche wird der Faden durch die drei Schlaufen zurückgeholt. Die entstandene Masche wird zurück auf die linke Nadel genommen und noch einmal abgestrickt, um die Schlaufen zu befestigen. So geht es bis zum Ende der Reihe weiter. Auch in der nächsten Reihe werden Schlingen gestrickt. Danach werden die Maschen abgekettet. Der fertige Kragen wird um den Hals des Trolls gelegt und angenäht.

Zipfelmütze
Mit grüner Wolle werden 34 Maschen angeschlagen und 6 Reihen rechte Maschen gestrickt. Reihe 7 bis 10 werden mit rotem Garn gestrickt. Reihe 10 mit weißem Garn. Reihe 11 – 15 mit weißem Garn. Dabei werden die beiden letzten Maschen jeder Reihe zusammengestrickt. Danach eine Reihe mit grünem Garn. Reihen 17 – 21 werden mit grünem Garn gestrickt, dabei werden immer zwei Endmaschen zusammengestrickt. Es folgt eine Reihe mit weißem Garn. Reihen 23 – 25 werden mit weißem Garn gestrickt. Am Ende jeder Reihe werden wieder zwei Maschen zusammengestrickt. Danach strickt man eine Reihe mit rotem Garn. Reihen 27 – 31 werden wieder in rotem Garn gestrickt, je zwei Endmaschen werden zusammengestrickt (24 Maschen). In den folgenden Reihen werden die beiden letzten Maschen zusammengestrickt: 6 Reihen Grün, 4 Reihen Weiß, 2 Reihen Rot, 4 Reihen Weiß und 4 Reihen Grün (4 Maschen). Mit diesen vier Maschen werden 2 Reihen Grün gestrickt. Danach wird abgekettet und ein zweites Teil nach dem gleichen Muster gestrickt. Die beiden Mützenteile werden rechts auf rechts aufeinandergelegt und zusammengenäht. Die Anschlagseite bleibt dabei offen. Nach dem Wenden wird die Mütze am Kopf angenäht. An der Spitze des Zipfels wird ein kleines Glöckchen befestigt.

Notizen zu meinen Arbeiten

Register

Bettbezug
aus selbstbedruckter Seide genäht — 114

Bettdecke
im Patchwork-Windmühlenmuster — 34

Bettwäsche
mit Applikationen — 51

Duftkissen
mit australischem Kreuzstich bestickt — 86

Fotorahmen
mit Metallfaden-Stickerei — 100

Freundschaftsbild im Setzkastenstil
in Gobelin-Stickerei — 13

Geflochtene Deckenkante
für Patchwork-Decken — 34

Geflochtener Gürtel
aus Leder — 20

Geldbörse
aus Leder — 18

Gepolsterter Kleiderbügel
mit selbstbedruckter Seide bezogen — 110

Gesteppte Umrandung
für Patchwork-Decken — 35

Gürteltasche
aus Leder — 21

Halsband
mit Metallfaden-Stickerei — 99

Handtasche
aus selbstgemachtem Filz — 43

Kaftan
aus selbstbedruckter Seide genäht — 111

Kaminrock
mit Applikationen — 52

Kopfkissenbezug
aus selbstbedruckter Seide genäht — 112

Landschaftsbild
in Holzeinlegearbeit — 65

Miniaturbild mit Vogelmotiv
in Holzeinlegearbeit — 69

Mollige Hausschuhe
aus selbstgemachtem Filz — 42

Nadelkissen
mit Metallfaden-Stickerei — 98

Perlenbrosche
aus durchsichtigen Glasperlen — 76

Platzdeckchen
aus Wolle gewebt · 128

Rahmen eines Bildes · 132

Schachbrett
in Holzeinlegearbeit · 66

Schal mit aufgenähten Perlenfransen
aus durchsichtigen Glasperlen · 76

Schultertasche
aus Wolle gewebt · 121

Schürze
mit australischem Kreuzstich bestickt · 87

Sitzkissen
in Gobelin-Stickerei · 12

Sofakissen
in Patchwork-Streifentechnik · 32

Sommertasche
mit australischem Kreuzstich bestickt · 87

Tischdecke mit passenden Servietten
mit australischem Kreuzstich bestickt · 84

Topfhandschuh
mit Applikationen · 53

Troll mit den Kulleraugen
gestrickte Schmusepuppe · 135

Überziehweste
aus selbstgemachtem Filz · 42

Unterarmtasche
mit Metallfaden-Stickerei · 95

Vergrößern einer Bildvorlage · 131

Wandbehang
in Patchwork-Ahornblattmuster · 30

Wandbehang
aus Wolle gewebt · 125

Werkzeugkasten
mit Holzeinlegearbeit · 67

Zählbild für Kinder
mit Applikationen · 55

Zwölf kleine Bilder
in Gobelin-Stickerei · 12

Dieser Ausgabe liegen folgende Werke zugrunde:
Eve Harlow, The St. Michael book of handicrafts
und
Ena Richards, The new St. Michael book of handicrafts
Octopus Books Limited
Die Abbildungen auf den Seiten 99, 102, 105, 108, 111, 114
wurden entnommen aus »You can make it books«
© 1981 Thomas Nelson & Sons Limited